Berlusconis Italien
Italien gegen Berlusconi

BERLUSCONIS ITALIEN
ITALIEN GEGEN BERLUSCONI

Mit einem einführenden Text von
Friederike Hausmann

Verlag Klaus Wagenbach Berlin

Wagenbachs Taschenbuch 450

Originalausgabe

Umschlaggestaltung Julie August, Berlin unter Verwendung eines (bearbeiteten) Photos © Ullstein 2002
Das Karnickel auf S. 1 zeichnete Horst Rudolph
Gesetzt aus der Franklin Antiqua und der Akzidenz Grotesk von der Offizin Götz Gorissen, Berlin
Gedruckt und gebunden von Pustet, Regensburg

ISBN 3 8031 3450 6

Inhalt

Editorische Notiz

Gerade denen, die Italien und den Italienern Sympathien entgegenbringen, scheinen die immer neuen, teils absurden, teils bedrohlichen Nachrichten vom südlichen Nachbarn unverständlich oder befremdlich.

Diese Zusammenstellung von Texten beschreibt die politische Situation Italiens vom Zusammenbruch des alten Parteiensystems über den Aufstieg des Cavaliere Berlusconi bis zum Ende des ersten Regierungsjahrs. Bis auf den einführenden, für dieses Buch verfaßten Text von Friederike Hausmann kommen nur italienische Stimmen zu Wort: Nicht selten widersprechen sich die einzelnen Verfasser, und immer wieder werden einige wesentliche Probleme wie der Interessenkonflikt oder das Versagen der linken Parteien angesprochen.

Diese Unebenheiten und Widersprüchlichkeiten wurden nicht geglättet, spiegeln sie doch die Komplexität wider und die Schwierigkeit, die politische Entwicklung Italiens monokausal zu erklären. Entsprechend unterschiedlich ist die Herkunft der Texte: Analysen von erstrangigen Fachleuten wie dem Juristen Giovanni Sartori stehen Appellen von Intellektuellen wie Nanni Moretti gegenüber oder literarischen Texten wie den Märchen Andrea Camilleris. So soll ein Bild von den historischen Ereignissen ebenso entstehen wie von der – vor allem außerparlamentarischen – Opposition. Kurzbiographien geben dem Leser nötige Informationen über die Verfasser, die Quellen Aufschluß über die Entstehungszeit und die Publikationsorte der Texte. Eine Zeittafel am Ende des Buchs bietet einen kurzen chronologischen Abriß der wesentlichen politischen Ereignisse seit 1992. Die * Erklärungen stammen von den Übersetzern und Herausgebern.

Susanne Schüssler
im Juli 2002

Luigi Malerba

Die Reichen kommen bei den Armen gut an

Luigi Malerba (geboren 1927) war Mitbegründer des »Gruppo 63«, lebt heute in Rom und Orvieto. Seine bekanntesten Bücher sind »Das griechische Feuer«, »Die nackten Masken« und »König Ohneschuh.« Im Oktober 2002 erscheint »Der Traum als Kunstwerk«.

In einer kleinen Sammlung von Schriften, die während des italienischen Wahlkampfs von 1994 veröffentlicht wurde, aus dem dann Berlusconi als Sieger hervorging, hatte ich gesagt: »Berlusconi hat sich an die Spitze der Revolution der Reichen gegen die Armen gesetzt, und diese Revolution ist die Rückkehr einer Form von Reaganismus, wie sein Programm zeigt. Was man allerdings nicht begreift, ist: Warum hat er sich auf die Seite der Reichen geschlagen, wo er selbst doch bettelarm ist? Schließlich lasten auf ihm Tausende von Milliarden (Lire) Schulden. Oder denkt er etwa, Reichtümer anzuhäufen, wenn er – Gott behüte! – zum Ministerpräsidenten gewählt wird?« Das war, dem Himmel sei's geklagt, eine prophetische Frage, denn dank seines Komplizen Bettino Craxi, des früheren (und, wie sich dann zeigte, maßlos korrupten) Ministerpräsidenten und eilends durchgepeitschter Gesetze, ist Berlusconi – trotz seiner Prozesse wegen Bilanzfälschung, wegen Bestechung der Finanzpolizei, Steuerhinterziehung, Bestechung von Richtern – von der Schuldenlast von ungefähr zehntausend Milliarden (Lire) im Jahr 1994 zum heute reichsten Mann Italiens aufgestiegen: mit einem Kapital, das auf über fünfzigtausend Milliarden Lire (oder ungefähr zweihundertfünfzig Millionen Euro) geschätzt wird. Bravo bravissimo!

»Wenn ich mich neuerdings für das politische Leben interessiere, dann deshalb, weil ich weiter als Unternehmenschef tätig sein will und weil ich nicht ins Gefängnis wandern will.« *Berlusconi 1994*

Friederike Hausmann

Italien: Der ganz normale Sonderfall

Friederike Hausmann (geboren 1945) studierte Geschichte und Altphilologie in Berlin. Nach langjährigen Aufenthalten in Italien lebt sie als Autorin und Übersetzerin in München. Zuletzt erschienen von ihr »Kleine Geschichte Italiens von 1945 bis Berlusconi« (aktualisierte und erweiterte Ausgabe) und »Garibaldi«.

»Italien ist das Land der Widersprüche, Anomalien und Überraschungen«[1]. Während viele Deutsche das Land gerade deshalb lieben oder zu lieben meinen, ist dieser Satz aus italienischem Mund als harsche Selbstkritik zu verstehen. Bis in die achtziger Jahre war die Liste der aufgezählten Anomalien gewöhnlich lang, konzentrierte sich aber meist auf drei Kernpunkte: Die Schwäche der politischen Institutionen, die Korruption und die wuchernde Macht des organisierten Verbrechens. Der Wunsch und die Notwendigkeit, dieser drei Übel Herr zu werden, kristallisierte sich immer wieder in der Forderung, Italien müsse endlich ein »normales Land« werden, wie der Führer der Linksdemokraten, Massimo D'Alema, 1995 ein Buch programmatisch überschrieb[2]. Ob Italien diesem Ziel jedoch näher gekommen ist, darüber gehen heute die Meinungen weiter auseinander denn je.

Bis Anfang der neunziger Jahre galt Italiens politisches System als »blockierte« oder »unvollendete« Demokratie. In den vierundvierzig Jahren von 1948 bis 1992 wurden fünfundvierzig Regierungen verschlissen, seit 1968 fanden in immer kürzeren Abständen Neuwahlen statt, keine Legislaturperiode dauerte die vollen fünf Jahre. Unter der Oberfläche dieses rasenden Reigens herrschte jedoch vollkommene Lähmung. Alle Regierungen waren beherrscht von der Democrazia Cristiana (DC), der christdemokratischen Partei, und das politische Personal blieb immer dasselbe; gelegentlich übernahm schon die zweite Generation Posten und Pfründe ihrer mächtigen Väter. Ein Regierungswechsel im eigentlichen Sinn fand nie statt. Das Druckmittel, mit dem die Christdemokraten sich an der Macht hielten, war die Angst vor dem Kommunismus in Form des Partito Comunista Italiano (PCI), der mächtigsten kommunistischen Partei des Westens, die mehrmals gefährlich nahe an den *sorpasso* herankam und damit die DC überholt hätte. Um ihre Wähler und Juniorpartner nachhaltig davon zu überzeugen, daß eine Regierung unter Einschluß der Kommunisten mit allen Mitteln verhindert werden mußte, bedienten die Christdemokraten – unter großzügiger Unterstützung der westlichen Supermacht – immer ungenierter die Interessen ihrer Klientel und suchten sich ihre Verbündeten, wo sie sie bekommen konnten. Und die Kommunisten wurden, um sie ruhig zu stellen, in der Form des *sottogoverno*, das heißt durch Teilhabe an untergeordneten Posten und Entscheidungen, ein bißchen an der Macht beteiligt. Diese Form der blockierten Demokratie verwandelte Italien in ein Paradies der Korruption und des organisierten Verbrechens. Zahlreiche, bis heute unaufgeklärte Skandale und ungesühnte grauenvolle Attentate erschütterten das Land bis in die Grundfesten. Dennoch oder gerade deshalb genügte die Drohung mit dem Gespenst des Kommunismus, damit die Wähler stets an derselben Stelle ihr Kreuzchen machten und die kleineren Parteien einschließlich der Sozialisten sich um die DC, die Balena Bianca (den weißen Wal), scharten.

Die Anstöße zur Veränderung kamen fast gleichzeitig von außen und innen und stehen in engem Zusammenhang. Der Fall der Mauer und der Zusammenbruch des Sowjetimperiums ließen die kommunistische Gefahr verblassen. Sichtbar wurde statt dessen das ganze Ausmaß der jahrzehntelangen politischen Mißwirtschaft. Die Staatsverschuldung war vollkommen außer Kontrolle geraten, die Steuerbelastung hatte das dritthöchste Niveau in Europa erreicht, ohne daß entsprechende staatliche Dienstleistungen von der Infrastruktur bis hin zum Gesundheits- und Schulwesen vorhanden waren: Italien schien den Anschluß an Europa zu verlieren. 1992 erteilten die Wähler allen traditionellen Parteien eine schallende Ohrfeige, und die Christdemokraten brachten erstmals keine mehrheitsfähige Koalition zustande. Was die bis dahin herrschende stabile Instabilität ins Wanken gebracht hatte, war der Erfolg der Lega Nord im Nordosten Italiens, einer der Hochburgen der Christdemokraten. Dies stand symptomatisch für den Wandel dieser Region vom einstigen Armenhaus in eines der wirtschaftlich prosperierendsten Gebiete ganz Europas. Die unzähligen Klein- und Kleinstunternehmer dieses »dritten Italien« litten besonders unter der Steuerbelastung. Mit der Wahl von Umberto Bossis Lega Nord, der ihnen Steuersenkungen, aber vor allem die Trennung vom räuberischen Rom versprach, brachten sie ihre Unzufriedenheit zum Ausdruck, und die Wahlen von 1992 schienen zu zeigen, daß man mit dem Wahlzettel die Verhältnisse doch zum Tanzen bringen konnte.

Im selben Jahr deckten die Ermittlungen einer Gruppe von Mailänder Staatsanwälten, die bald nur noch unter dem Namen Mani Pulite* bekannt waren, ein Geflecht systematischer politischer Korruption auf, in das alle Regierungsparteien, besonders aber die sozialistische Partei (PSI) unter Bettino Craxi verstrickt war. Die Staatsanwälte, allen voran Antonio Di Pietro, wurden mit ihrem Kampf gegen Tangentopoli** zu Helden der Nation. Im Land verbreitete sich Aufbruchstimmung, das große Saubermachen begann, das Alte mußte weggeräumt, dem Neuen Bahn gebrochen werden. Alles schien möglich, Italien auf dem Weg zur »europäischen

* Mani Pulite (»Saubere Hände«): Die von Antonio Di Pietro und dem Pool der Mailänder Staatsanwaltschaft geleitete Untersuchung einer Schmiergeld-Affäre, die sich zur größten je gegen Korruption geführten Ermittlung ausweitete und die Erste Republik zu Fall brachte (siehe Seite 67 ff.).

** Tangentopoli: Neologismus aus *tangente* (Schmiergeldsumme) und *metropoli* (Weltstadt), ursprünglich nur auf Mailand gemünzt, später Synonym für den ganzen Korruptionskomplex.

Normalität«. Die Vergangenheit wurde bereits als die Erste Republik bezeichnet, die man hinter sich gelassen hatte, ohne daß man jedoch wußte, wie genau die Zweite Republik aussehen sollte.

Wie viele andere Hoffnungen nach 1989 – diesseits und jenseits des ehemaligen Eisernen Vorhangs – bewahrheiteten sich auch die italienischen nicht so schnell und vor allem anders als geglaubt. Ein Wechsel der Regierungsparteien hat seitdem tatsächlich stattgefunden, und zwar mit immer neuen Überraschungen: Völlig unerwartet gewann 1994 Silvio Berlusconi und sein Polo delle libertà (Pol der Freiheiten) aus der neu gegründeten Forza Italia (FI) im Bündnis mit Lega Nord und der faschistischen Partei Gianfranco Finis unter dem neuen Namen Alleanza Nazionale. 1996 übernahm dann der »Antiberlusconi« Romano Prodi die Regierung, der sein Olivenbaum-Bündnis (Ulivo) aus der ehemaligen kommunistischen Partei, nun Partei der demokratischen Linken (PDS), und kleinen Parteien der Mitte ebenfalls kurzfristig aus dem Boden gestampft hatte. Diese dreizehnte Legislaturperiode der Nachkriegszeit (die 13 ist in Italien eine Glückszahl) mußte endlich einmal nicht vorzeitig durch Neuwahlen abgebrochen werden. Bei den Wahlen von 2001 erhielt wiederum die Mitte-Rechts-Koalition Berlusconis die Staffette. Trotz dieses geradezu mustergültigen Wechsels zwischen Mitte-Rechts und Mitte-Links wird erneut und keineswegs nur aus der linken Ecke vor »Anomalie« und »Verzerrungen der Demokratie« gewarnt. Was die Vollendung der Demokratie sein sollte, erscheint nun vielen gar als Weg, der zum Ende der Demokratie führen könnte. Die Anomalie scheint diesmal nicht im System, sondern vor allem in der Person des neuen Ministerpräsidenten selbst zu liegen, und zwar in einer Reihe von unabweisbaren Tatsachen und vielen ungeklärten Fragen.

Zunächst zu den Tatsachen: Berlusconi ist nicht nur der reichste Mann Italiens, sondern vor allem Herr über die drei größten landesweiten privaten Fernsehsender, kontrolliert damit circa 43 Prozent des Fernsehmarktes direkt, die staatlichen Sender qua seines Amtes. Darüber hinaus gehören 38 Prozent des Zeitungsmarktes und über 30 Prozent des heimischen Buchmarktes zu seinem Imperium, darunter Italiens größtes Verlagshaus Mondadori.

Eine weitere Tatsache ist die Verwicklung Berlusconis und seiner engsten Mitarbeiter in zahlreiche Strafverfahren, in denen es um Nähe zur Mafia, um Bilanzfälschung, Steuerhinterziehung und Bestechung geht. Bisher wurde Berlusconi in drei Fällen freigesprochen.

In einem Fall wurde er zwar in der ersten Instanz verurteilt, die zweite Instanz hob das Urteil jedoch wegen Verjährung der Tat auf. Im schwerwiegendsten Verfahren, das noch in der Schwebe ist, geht es um Bestechung eines Richters. Im Zuge anderer Ermittlungen gegen zwei Rechtsanwälte Berlusconis (von denen der eine, Cesare Previti, in der ersten Regierung seines Mandanten 1994 Verteidigungsminister war), entdeckten die Staatsanwälte auf Schweizer Konten eindeutige Hinweise darauf, daß Berlusconi selbst etwa eine halbe Million Dollar an den Richter Renato Squillante gezahlt hatte, um ein günstiges Urteil im Streit um die Übernahme des Lebensmittelkonzerns SME zu erhalten. »Die Natur dieser Vorwürfe – die systematische Bestechung eines hochrangigen Richters in der Hauptstadt«, schreibt der Publizist Perry Anderson, »übersteigt alle vorausgehenden Skandale bis zum Ende der Ersten Republik«[3].

Neben diesen Tatsachen erheben sich viele mehr oder weniger ungeklärte Fragen angesichts Berlusconis märchenhaftem Aufstieg vom Sohn eines kleinen Bankbeamten zum reichsten Mann Italiens. Heute steht er längst vor dem ehemaligen Fiat-Chef Giovanni Agnelli auf Platz vierzehn der Forbes-Liste mit einem geschätzten Vermögen von 12,8 Milliarden Dollar. Neben einem Fußballclub, der Kontrolle über mehr als einem Drittel der Rundfunksender und des Buch- und Zeitungsmarktes, neben einer Versicherung und neben den drei inländischen Fernsehkanälen besitzt Berlusconi eine Beteiligung an dem spanischen Sender Telecinco (auch dort wird gegen ihn ermittelt) und derzeit eine fünfprozentige Beteiligung an der bankrotten Kirch-Media in Deutschland. Vielleicht war Berlusconis Antwort auf die Frage nach seinen weiteren Zielen nicht nur ein Witz: »Jetzt bleibt mir nichts anderes übrig, als der reichste Mann Europas zu werden«[4].

In dieser Traumkarriere gibt es mindestens drei sehr dunkle Kapitel. Ende der siebziger Jahre errichtete Berlusconi, der sich vom Entertainer auf Kreuzfahrtschiffen zum Bauunternehmer gemausert hatte, eine ganze Trabantenstadt bei Mailand und stieg unmittelbar danach ins Fernsehgeschäft ein. Geldgeber für diese großangelegten Unternehmen waren zweiundzwanzig Holdings, deren Gründer und Gesellschafter unter anderem eine Hausfrau im Rentenalter und ein Invalide waren. Ein Untersuchungsbericht der Banca d'Italia stellt fest, daß auf den Konten dieser Gesellschaften teilweise im Abstand von wenigen Tagen aus unbekannten Quellen Millionenbeträge in bar eingezahlt wurden.

Die zweite Phase von Berlusconis Aufstieg ist weniger mysteriös, steht aber mindestens ebenso im Ruch der Illegalität. Der Bauunternehmer kehrte Anfang der achtziger Jahre mit seinem Einstieg ins Fernsehgeschäft sozusagen wieder zu seinen Anfängen im Showgeschäft zurück. Entgegen den damals geltenden Bestimmungen setzte er durch, landesweit auch Nachrichten verbreiten zu können. Unter der Regierung seines Freundes Bettino Craxi wurde dann schließlich das neue Gesetz zur Regelung des Privatfernsehens, die sogenannte Legge Mammì, genau auf Berlusconis Bedürfnisse zugeschnitten. In dem wegen Verjährung beendeten Verfahren sah es die erste Instanz als erwiesen an, daß Berlusconi dafür zwanzig Milliarden Lire Schmiergelder an Craxi persönlich gezahlt hat.

Als Berlusconi schließlich vor den Wahlen von 1994 in einem Überraschungcoup in ein neues Fach, nämlich die Politik überwechselte, war sein Konzern so überschuldet, daß die Auszahlung der Gehälter gefährdet schien und die Gläubigerbanken die Einsetzung eines Managers von außen verlangten. Inzwischen wird der Medienzweig Mediaset an der Börse gehandelt, von Krise ist nicht mehr die Rede, statt dessen verzeichnet das Unternehmen alljährlich Wachstumsraten von über 10 Prozent. Wie diese glückliche Rettung möglich war, ist nur teilweise bekannt. Eine ganz entscheidende Hilfestellung leistete Berlusconi jedoch ohne Zweifel selbst durch ein Gesetz unter seiner ersten, kurzlebigen Regierung, indem er mit der nach dem Wirtschaftsminister benannten Legge Tremonti zwei Jahre lang die vollkommene Steuerbefreiung für Unternehmensgewinne einführte, sofern sie reinvestiert werden.

Ein großer Teil der hier aufgezählten Tatsachen und Fragen war 1994, als Berlusconi sich scheinbar ganz plötzlich entschloß, den »bitteren Kelch« der Politik zu leeren, noch nicht oder nur teilweise bekannt. Sieben Jahre später konnten sie keinem Menschen, der sich einigermaßen über die zur Wahl stehenden Politiker informieren wollte, verborgen geblieben sein. Als einzig mögliche Schlußfolgerung stellte »The Economist« schon während des Wahlkampfes 2001 kurz und bündig fest, daß Berlusconi »ungeeignet [ist], die Regierung irgendeines Landes zu führen, geschweige denn die einer der reichsten Demokratien der Welt«[5]. Lägen die Dinge wirklich so einfach, dann müßte man sich fragen, warum Berlusconi überhaupt gewählt werden konnte, wie es möglich war, daß niemand bisher das Verfassungsgericht angerufen hat, warum der von allen als integrer Demokrat geachtete Staatspräsident ihn mit der Regierungsbildung beauftragt und zum Ministerpräsidenten ernannt hat, und nicht zuletzt, warum die Europäische Union ihn gewähren läßt.

Daß ein Mann mit der Machtfülle Berlusconis in einem derart sensiblen Bereich des öffentlichen Lebens wie den Medien Ministerpräsident werden kann, widerspricht sehr wohl dem *Geist* der italienischen wie jeder anderen demokratischen Verfassung, zu deren Grundpfeilern die Meinungsvielfalt und eine regierungsunabhängige Information gehört. Es widerspricht allerdings nicht dem *Wortlaut* der italienischen Verfassung.

Nach dem Krieg dachte selbstverständlich niemand auch nur im Traum an die Möglichkeit privater Rundfunkanstalten, und von Fernsehen war noch überhaupt nicht die Rede. Aber auch abgesehen davon, war die seit 1948 gültige Verfassung das Ergebnis eines harten Ringens zwischen den beiden Hauptkräften der Ersten Republik, das heißt zwischen Kommunisten und Christdemokraten, die beide keineswegs in erster Linie bürgerliche Freiheitsrechte durchsetzen wollten. Für die Kommunisten standen soziale Sicherungen im Vordergrund, für die Katholiken der besondere Schutz der katholischen Kirche und die Aufnahme der Lateranverträge Mussolinis in die Verfassung. Der Wortlaut der Verfassung gibt keine Lösung des »Interessenkonflikts« an die Hand, sondern sieht höchstens die Möglichkeit vor, aus übergeordneten Interessen per Gesetz ins Privateigentum einzugreifen[6]. Ein solches Gesetz existiert bis heute nicht, obwohl die Sachlage spätestens seit der ersten Regierung Berlusconi von 1994 bekannt war. Wie diffizil das Problem ist, wie tief es in die Geschichte und das Selbstverständnis der Demokratie eingreift, zeigt die Tatsache, daß unter der Mitte-Links-Regierung nicht nur versäumt wurde, ein solches Gesetz auf den Weg zu bringen; auch die Wahlprüfungskommission unter dem Ulivo erklärte Berlusconi nach dem entsprechenden Gesetz aus dem Jahre 1957 für wählbar (was jedoch keineswegs automatisch bedeutet, daß er für eines der höchsten Staatsämter geeignet ist[7]). Dieses Gesetz stammt ebenfalls aus einer Zeit, als an so etwas wie Privatfunk nicht zu denken war, und sieht lediglich vor, daß die Entscheidungsbevollmächtigten »staatlich konzessionierter Betriebe« (also zum Beispiel Rundfunkintendanten) nicht wählbar sind. Da Berlusconi die Leitung seiner Unternehmen an seine Kinder und seinen Bruder abgegeben hat und nur noch Inhaber der

Aktienmehrheit ist, trifft die Bestimmung nicht auf ihn zu. Die Entscheidung der Wahlprüfungskommission ist ohne Zweifel allzu buchstabengetreu, doch etwas anderes hätte vor dem Verfassungsgericht, der Consulta, wohl kaum Bestand gehabt.

Ähnlich knifflig ist die Frage der Verwicklung Berlusconis in zahlreiche Verfahren. Dabei muß man im Auge behalten, daß die Justizbehörden nach italienischem Recht zur Aufnahme von Ermittlungen verpflichtet sind, wenn sie von einer Straftat Kenntnis erhalten, daß der Angeklagte aber bis zum letztinstanzlichen Urteil als unschuldig gilt. Im Zuge der Korruptionsprozesse von Mani Pulite wurde zudem die parlamentarische Immunität aufgehoben. Es kann und muß also auch gegen gewählte Volksvertreter ermittelt beziehungsweise gerichtlich vorgegangen werden, gleichzeitig kann und muß aber auch für diese bis zum rechtskräftigen Urteil die Unschuldsvermutung gelten.

Nach Verfassung, Recht und Gesetz spricht demnach nichts Greifbares gegen Berlusconi als Ministerpräsidenten, nach dem Geist der Demokratie jedoch alles. Paolo Flores d'Arcais, der Herausgeber der Zeitschrift »MicroMega«, hat deshalb auch von einer »vorpolitischen«, das heißt letztlich von einer zutiefst moralischen Frage gesprochen[8].

Nicht um die Person Berlusconis geht es also in Wirklichkeit, sondern um diejenigen, die ihn wählen. »Der Diskurs verlagert sich somit«, schreibt der liberale Turiner Politologe Gian Enrico Rusconi, »auf die Millionen italienischer Wähler, die offensichtlich nicht der Meinung sind, daß Berlusconis Medienimperium eine Gefahr für die Demokratie darstelle. Vor allem glauben sie nicht, daß die Probleme Berlusconis mit der Justiz von solcher Natur sind, ihm eine unglaubwürdige, gefährliche oder korrupte Politik zuzuschreiben. Gegenüber diesem Verhalten von Millionen Wählern gibt es zwei mögliche Reaktionen. Entweder man verurteilt alle Wähler Berlusconis, indem man sie als korrupt, opportunistisch oder dumm bezeichnet, wie es zuweilen die linke Opposition tut. Oder man fragt sich, welcher Strategie sich die jetzige Regierung bedient, um die schwerwiegenden Probleme Berlusconis zu verwischen oder zu umgehen und so die Gefahr für ihre politische Führung zu minimieren«[9]. Darüberhinaus ist auch noch zu fragen, welche besonderen Umstände Berlusconi dabei geholfen haben und warum die Opposition seinen Aufstieg nicht verhindern konnte oder wollte. Unter diesem Gesichtspunkt soll hier noch einmal die Wahl von 2001 und ihre Vorgeschichte im Kontext des rasanten Wandels gesehen werden, den Italien im letzten Jahrzehnt erlebt hat.

Die Wahl vom 13. Mai 2001 war die dritte nach dem neuen Wahlgesetz von 1993, einer Notlösung, die wie so viele Notlösungen inzwischen zur Dauereinrichtung geworden ist, ohne daß der ursprüngliche Schaden wirklich behoben wäre. Mit der Wahlreform, die nach ihrem Erfinder Mattarelli als Mattarellum bezeichnet wird, sollte endlich der »Unregierbarkeit« durch die Vielzahl kleiner Splitterparteien nach dem bis dahin geltenden Verhältniswahlrecht Einhalt geboten werden. Unter dem Eindruck eines Referendums, das von dem ehemaligen DC-Politiker Mario Segni initiiert worden war, einigte sich das Parlament hastig auf einen komplizierten Kompromiß, der für 75 Prozent der Sitze das reine Mehrheitswahlrecht ohne zweiten Wahlgang mit Wahlkreisen für jeweils einen Kandidaten einführte. Dieses System, bei dem viele Stimmen »verlorengehen« und Minderheiten kaum eine Chance für eine angemessene Vertretung haben, wurde plötzlich als das Allheilmittel gepriesen, um endlich stabile Mehrheiten zu schaffen. Als Kompromiß wurden die restlichen 25 Prozent der Sitze nach dem Verhältniswahlrecht mit einer Sperrklausel von vier Prozent verteilt. Durch ein kompliziertes System des Stimmenabzugs für die direkt gewählten Kandidaten (*scorporo*) erhielten Parteien, die hauptsächlich über den Prozentanteil Abgeordnete ins Parlament schicken konnten, einen gewissen Bonus und ließen sich so die Zustimmung zu der Wahlrechtsreform abringen.

Der erhoffte oder zumindest versprochene Effekt der Wahlrechtsreform, die Bildung zweier alternativer Blöcke, fand zwar statt, jedoch nicht in der Form großer Parteien, sondern in der Form zweier Koalitionen aus einer Vielzahl von Gruppierungen. Die Zahl der Parteien nahm im Lauf der letzten zehn Jahre nicht ab, sondern vielmehr zu, immer wieder kommt es zu neuen Spaltungen oder Zusammenschlüssen, zu Neu- und Wiedergründungen. Was sich gegenüber früheren Wahlen also in dieser Hinsicht geändert hat, ist lediglich die Verlagerung des Koalitionsgerangels von der Zeit nach in die Zeit vor der Wahl und damit die Verwandlung der gesamten Legislaturperiode in einen permanenten Wahlkampf. Im Laufe der letzten drei Wahlen wurde die Liste der Koalitionspartner beider Blöcke immer länger und die Technik der Koalitionen immer wichtiger. Alle Versuche einzelner Parteien oder kleinerer Koalitionen, sich zwischen den Blöcken als »neue Mitte« zu plazieren, scheiterten. Im Laufe der drei Wahlen der neunziger Jahre erweiterten sich beide Blöcke immer mehr nach rechts und links, so daß beide eher eine große Koalition kleiner Parteien als ein Mitte-Rechts- beziehungsweise Mitte-Links-Bündnis repräsentieren. Unter diesen Bedingungen wurden die programmatischen Umrisse der beiden Blöcke zwangsläufig immer unklarer, die Streitigkeiten in einzelnen Sachfragen immer größer, und anstelle der programmatischen Klarheit trat die Führungspersönlichkeit deutlich in den Vordergrund.

Diese Notwendigkeit hatte Berlusconi schon 1993 erkannt, als er auf der politischen Bühne erschien, seine neue Partei Forza Italia aus dem Boden stampfte und das Bündnis des Polo delle libertà mit der Lega Nord und der Alleanza Nazionale schuf. Nur ein »Amateurpolitiker« konnte auf die Idee kommen, eine Allianz aus drei Parteien zu schließen, von denen die eine den weitgehenden Rückzug des Staates aus möglichst allen Bereichen von Wirtschaft und Gesellschaft propagierte, die andere dagegen die Auflösung des Nationalstaats und die dritte die Stärkung des Zentralstaats.

Diese widersprüchliche Koalition schnappte wie ein Dieb in der Nacht der PDS den sicher geglaubten Sieg vor der Nase weg. Die ehemals von der Macht ausgeschlossene Linke konnte sich zwar als moralischer Sieger des Debakels der ehemaligen Regierungsparteien fühlen, hatte es aber nicht geschafft, genügend Koalitionspartner der ehemaligen DC, die wie eine Seifenblase zerplatzt war, an sich zu ziehen.

Rückblickend kann das sang- und klanglose Verschwinden der ehemaligen Regierungsparteien nicht anders als eine Flucht aus der Verantwortung beschrieben werden. Emblematisch dafür war das Schweigen des Parlaments, als der Sozialistenchef Bettino Craxi 1992 angesichts der gegen ihn gerichteten Korruptionsvorwürfe die drohenden Worte in die Runde warf: »Keine Partei kann es wagen, den ersten Stein zu werfen ... Man muß klar aussprechen, was im übrigen alle wissen, daß ein großer Teil der Parteienfinanzierung irregulär oder illegal ist ... Wenn man einen großen Teil dieser Dinge als kriminell betrachten muß, dann ist ein großer Teil des ganzen Systems kriminell«[10]. Mit berechtigtem Pathos stellt die Publizistin Barbara Spinelli fest, daß eine Antwort des Parlaments bis heute nicht erfolgt ist: »Bis heute würde man gerne wissen, warum die gewählten Abgeordneten nicht sofort von ihren Sitzen aufsprangen, wie sie es geschafft haben, an diesem Abend nach Hause zu gehen, was sie ihren Kindern erzählten und wie sie den Mut aufbrachten, sich – falls sie es taten – wieder zur Wahl zu stellen. Vor allem aber, warum allein Craxi zur Kasse gebeten wurde für all die anderen, die sitzengeblieben sind«[11]. Das Schweigen der Parlamentarier war ein Eingeständnis der Mitschuld, vor allem aber des Willens, sich aus dem Staub zu machen und die ganze Schuld den einzelnen aufzubürden, die sozusagen auf frischer Tat ertappt wurden.

Die Balena Bianca, die große Volkspartei mit dem Adjektiv »christlich« im Namen, löste sich 1993 einfach auf – kaum ein Jahr, nachdem immerhin noch 30 Prozent der Wähler für sie gestimmt hatten. Die DC-Mitgliedschaften wurden annulliert, es bildeten sich zuerst zwei neue Parteien, die spalteten sich dann weiter und immer weiter und kreierten immer neue und abstrusere Kombinationen aus »christlich«, »demokratisch«, »Volk« und »Mitte«. Die sozialistische Partei dagegen schien zunächst, nachdem sie sich von ihrem unter vielfachen Korruptionsverdacht stehenden Vorsitzenden getrennt hatte, zu einer inneren Erneuerung fähig. Als sich jedoch herausstellte, daß der neue Vorsitzende Claudio Martelli mindestens ebenso tief im Korruptionssumpf steckte, zerbrach auch der PSI. Ein Teil der Mitglieder und Wähler fand Zuflucht beim PDS, der sich nun als einzig legitimer Vertreter sozialdemokratischen Reformpolitik präsentierte – und damit seinerseits die eigene Vergangenheit verleugnete.

Seitdem sind aus den ehemaligen Regierungsparteien immer neue Klein- und Kleinstparteien unter Führung der alten Politiker entstanden, die zwischen den Koalitionsblöcken hin- und herpendeln, und die Rolle des Züngleins an der Waage spielen, die früher die kleinen Koalitionspartner von Christdemokraten und Sozialisten innehatten. Ein Blick auf die Ergebnisse der letzten drei Wahlen zeigt eine Vielzahl an Namen und Siglen, die zum Teil längst wieder vergessen sind und auf die Wähler eher verwirrend und abschreckend wirken mußten.

Die Flucht der ehemaligen Regierungsparteien aus ihrer politischen Verantwortung machte die Justiz zur Lückenbüßerin und übertrug ihr damit eine Aufgabe, die ihr nicht zustand, die sie nicht leisten konnte und die sie am Ende selbst beschädigen mußte. Auch wenn nämlich die Staatsanwälte und Richter, die sich mit dem Korruptionssumpf und mit den Mafiakontakten der Politiker der Ersten Republik befaßten, ihre Arbeit als »unpolitisch« verstanden, hatten ihre Entscheidungen doch eine politische Wirkung. Dies geschah übrigens nicht zum ersten Mal. Auch die Aufarbeitung der Attentate und Verbrechen in den siebziger und achtziger Jahren war der Justiz überlassen worden. Es wurde zwar eine

Untersuchungskommission zur Aufklärung der Massaker gebildet, ihre Arbeit blieb aber weitgehend wirkungslos. Die widersprüchlichen, langwierigen und häufig ergebnislosen Ermittlungen und Prozesse in aufsehenerregenden Fällen wie dem Attentat auf der Piazza Fontana im Dezember 1969, bei dem siebzehn Menschen ums Leben kamen, und dem mysteriösen Flugzeugabsturz nahe der Insel Ustica im Juni 1980, bei dem einundachtzig Menschen starben, ließen die Justiz selbst ins Zwielicht geraten. Besonders deutlich zeigte sich dieses Problem Ende der neunziger Jahre mit den Freisprüchen der Symbolfigur der Ersten Republik, Giulio Andreotti, und der endlosen Prozeßserie gegen die ehemaligen Mitglieder der linksradikalen Gruppe Lotta Continua um Adriano Sofri (siehe S. 33ff.).

Eine ähnliche Entwicklung nahm die anfangs sehr erfolgreiche Arbeit, die aus den Ermittlungen der Mailänder Staatsanwälte und Richter des Teams Mani Pulite erwuchs. Die große Hoffnung und Aufbruchsstimmung, die von ihnen und ihrer Gallionsfigur Antonio di Pietro ausging, verflog, nachdem sich aus einzelnen spektakulären Fällen von Korruption ein ganzes System herauskristallisierte; die Justiz war schlicht überfordert. Zu dieser Einsicht kamen bald auch die Staatsanwälte selbst. Es mußte der Eindruck entstehen, daß statt Gerechtigkeit und Klarheit Unrecht und Verwirrung geschaffen wurde. Der Staatsanwalt Gherardo Colombo aus Mailand resümierte resigniert, daß die Ermittlungen »auf Dauer kaum sichtbare Folgen gehabt haben. Obwohl es viele Verurteilungen gab, haben nur wenige ihre Strafen auch wirklich antreten müssen, weil sie ausgesetzt oder in eine Geldstrafe umgewandelt oder zur Bewährung ausgesprochen wurden. Das hat das Vertrauen in die juristische Bekämpfung der Korruption erschüttert«[12]. Auch aus Justizkreisen selbst wurden Vorschläge und die dringende Aufforderung laut, eine politische Lösung von Tangentopoli, beispielsweise durch eine Art Wahrheits- und Versöhnungskommission nach dem Beispiel Südafrikas zu erreichen. Derartige Appelle verhallten ebenso ungehört wie Forderungen zur Bekämpfung der strukturellen Schwächen des italienischen Justizsystems, die in Westeuropa ohne Beispiel sind. Aufzuzählen wären vor allem die komplizierten und chaotischen Verfahren (Ursache für eine durchschnittliche Prozeßdauer von zehn Jahren), der exzessive Gebrauch der Untersuchungshaft (Ursache für hoffnungslos überfüllte italienische Gefängnisse) und die mangelnde Trennung zwischen den Aufgaben von Staatsanwälten und Richtern (eine der Ursachen für die Verschleppung von Prozessen und die häufige Aufhebung erstinstanzlicher Urteile)[13]. Diese Schwächen sind jedem, der nur irgendwie mit der italienischen Justiz in Berührung gekommen ist, bekannt, und haben ihrerseits dazu beigetragen, daß die Aura der Staatsanwälte und Richter von Mani Pulite verblaßte, denn solange »die Verbrechen von Personen auf den oberen Ebenen begangen wurden, mit denen sich das große Publikum nicht identifizieren konnte, gab es allgemeine Zustimmung. Aber als nach und nach ebenfalls andere Personen darin verwickelt wurden – Unteroffiziere der Finanzpolizei, Verkehrspolizisten, Inspektoren der Sozialdienste –, da fingen die Leute an, sich mit ihnen zu identifizieren, und fürchteten vielleicht, selber in Ermittlungen verstrickt zu werden«[14].

Daß das Mitte-Links-Bündnis den daraus erwachsenden Legitimitätsverlust der Justiz und das Abflauen des moralisch-politischen Optimismus, der von Mani Pulite ausgegangen war, nicht hat stoppen können, ist sein größtes und eigentliches Versagen. Das Bündnis war 1996 überhaupt nur siegreich gewesen, weil Berlusconi ohne seinen ehemaligen Bündnispartner Lega Nord angetreten war, der die erste Regierung nach nur sechs Monaten hatte platzen lassen. Der Sieg von Mitte-Links war dennoch denkbar knapp und nur möglich geworden durch die Integrationsfigur des »Antiberlusconi« Romano Prodi, der aus der Mitte Teile der DC in die Koalition geholt hatte.

Obwohl die Ausgangsposition also eher schwach war, schrieb vor allem die stärkste Partei innerhalb der Regierungskoalition, die PDS unter Führung von Massimo D'Alema, das ehrgeizige – und wie sich zeigen sollte verhängnisvolle – Projekt einer umfassenden Verfassungsreform auf ihre Fahnen. Seit den achtziger Jahren beherrschte dieses Thema immer wieder die politischen Debatten, es war ausgerechnet von Bettino Craxi, dem Mann, der das alte System zugrunde richtete, auf die Agenda gesetzt worden. Das Dilemma einer solchen umfassenden Reform zeigte sich bereits an den von allen anerkannten Schwächen der Mattarellum-Wahlreform, denn nicht einmal für deren Beseitigung ließ sich ein Konsens finden. So blieb das Wahlgesetz isoliert wie ein erratischer Block in einer nicht dazu passenden institutionellen Landschaft. Um die passende Landschaft dafür zu schaffen, war die Mitte-Links-Regierung auf die Mitarbeit der Opposition in der eigens dafür eingerichteten sogenannten Bicamerale (Verfassungskommission) angewiesen. Während die Zielvorstellungen der Opposition klar auf eine Präsidialrepublik nach dem Vorbild der Fünften Republik in Frankreich hinausliefen, wurden sie bei der Regierungskoalition immer verschwommener, und immer häufiger schwenkte sie auf die Linie der Opposition ein, oder ließ sich – wie bei der Entscheidung über die Direktwahl des Staatspräsidenten – von der Opposition regelrecht übertölpeln. Der Opposition und besonders Berlusconi verschaffte die Mitarbeit in einer Kommission, die über die Verfassung zu entscheiden hatte, unverhoffte und unverdiente Legitimation. Als dieses Ergebnis genügend abgesichert war, ließ er das ganze Unternehmen kurz vor der Ziellinie ziemlich vordergründig am Streit um die Justiz platzen. Die Bicamerale als solche, nicht allein ihr Scheitern, war ein unverzeihliches Eigentor der Mitte-Links-Regierung, und fast ebenso unverzeihlich war der Sturz Prodis kurze Zeit später. Die Altkommunisten der Rifondazione Comunista unter Fausto Bertinotti lösten den Sturz aus, denn sie verweigerten die Zustimmung zum Haushalt, aber die Linksdemokraten verhinderten, daß Prodi eine zweite Regierung bilden konnte. Damit beraubten sie die Koalition der Integrationsfigur, die dem Land zwar Opfer abverlangt, es aber für die Teilnahme an der europäischen Gemeinschaftswährung fit gemacht hatte.

Wichtige Aufgaben wie die Regelung des Interessenkonflikts und die eng damit zusammenhängende Neuformulierung der gesetzlichen Grundlagen des öffentliche Fernsehens hatte man im Interesse der guten Zusammenarbeit mit der Opposition hintangestellt. Mit der Begründung, den politischen Gegner nicht »dämonisieren« zu wollen, hatte D'Alema Berlusconi als Partner in der Bicamerale erst legitimiert, und nachdem diese geplatzt war, war es zu spät und ohnedies vollkommen unglaubwürdig, ihn plötzlich als Gefahr für die Demokratie zu brandmarken. Von dem angestrebten großen Umbau waren einige wenige Elemente verwirklicht, die alle in die von Berlusconi immer favorisierte Richtung deuteten, nämlich die einer Stärkung der Exekutive durch Direktwahl und Mehrheitswahlrecht. Obwohl die Linke halbherzig einige Korrekturen wie den zweiten Wahlgang einbauen wollte, war sie sich auch in diesem Punkt letztlich mit Berlusconi einig oder setzte dem zumindest kein klares eigenes Konzept entgegen, sondern schwankte hilflos hin und her. Zu den verwirklichten Elementen dieses Konzepts gehören neben dem Mattarellum die Direktwahl der Bürgermeister in größeren Kommunen und die erst 1999 eingeführte Direktwahl der Präsidenten der Regionen, die nun allgemein als Gouverneure bezeichnet wurden. Diese Bezeichnung – die sich wie so vieles in der politischen Diskussion Italiens an ausländischen Vorbildern orientiert – verdeutlicht, daß hier ein neuer Typus des Politikers angestrebt wird: Die Figur des Machers, der nicht eine Partei und ein Programm vertritt, sondern sich über die Stadt- und Landespolitik als politischer Manager qualifiziert. Bei der Direktwahl der Bürgermeister im Juni 1999 verlor die Linke mit Bologna eine der ehemaligen »roten Bastionen« an Mitte-Rechts. Bei den ersten Direktwahlen für die Präsidenten der Regionen gewann Mitte-Rechts acht von fünfzehn Regionen für sich, darunter den gesamten Norden.

Längst vor der Wahl konnte Berlusconi demnach die Scherben der Mitte-Links-Regierung aufsammeln und nach seinen Vorstellungen wieder neu zusammensetzen. Schon für die Europawahlen 1999 hatte er gegen alle früheren Beteuerungen wieder ein Bündnis mit der Lega Nord geschmiedet, deren Führer Umberto Bossi nun nicht mehr Rom, sondern die Europäische Union als »Forcolandia« (Galgenland) auserkoren hatte, Gefängnisstrafen für illegale Ausländer forderte und seine Freundschaft mit Jörg Haider demonstrativ zur Schau stellte. Berlusconi band die Lega wieder an seine Forza Italia, an die Postfaschisten von Alleanza Nazionale und zwei aus der DC hervorgegangene kleine Parteien. Auch sonst holte sich Berlusconi Verbündete, wo immer er sie bekommen konnte: In Sizilien scheute er Absprachen mit den bekennenden Faschisten nicht und versammelte die ehemals geschmähten Sozialisten wieder unter seinem Dach, das sich jetzt nicht mehr Polo, sondern Casa delle libertà nannte. Vom Olivenbaum-Bündnis dagegen spalteten sich zwei seiner kleinen Bündnispartner – die Altkommunisten von Rifondazione Comunista und die Partei des ehemaligen Staatsanwalts Di Pietro – ab. Unter diesen Umständen hätte Berlusconis Casa delle libertà auch die Wahlen von 1996 gewonnen und zwar wesentlich deutlicher als 2001. 1996 erreichten Polo und Lega zusammen 52,2 Prozent (Abgeordnetenhaus, Anteil des Verhältniswahlrechts), ein Erfolg, der sicher noch größer gewesen wäre, wenn durch eine vorherige Koalition die Chancen der Mehrheitswahl voll ausgenutzt worden wären. 2001 erreichte das Bündnis aus nunmehr sieben Parteien dagegen nur knapp die absolute Mehrheit (49,5 Prozent).

Das entscheidend Neue der Wahl 2001 war deshalb nicht der Sieg der Mitte-Rechts-Koalition an sich, sondern der Erfolg von Berlusconis Forza Italia innerhalb seines eigenen Bündnisses und gegenüber allen anderen Parteien. Mit fast

30 Prozent der Wählerstimmen (im Verhältniswahlrecht) hat FI die Linksdemokraten weit abgeschlagen und auf Platz zwei verbannt (16,6 Prozent). Darin besteht der wesentliche Unterschied zu der Wahl von 1994, und auf dieses Ziel hatte Berlusconi bewußt und langfristig unter Ausnutzung aller Stärken und Schwächen des Mattarellum hingearbeitet.

Berlusconi ließ seine Partei seit 1996 durch die organisatorische Kleinarbeit altgedienter Christdemokraten wie die seines späteren Innenministers Claudio Scajola aus einem lockeren Zusammenschluß von Fan-Clubs zu einer straff von oben nach unten strukturierten Mannschaft umbauen. Im Wahlkampf schrieb er seinen Bündnispartnern klare Regeln vor, bei denen es weniger um inhaltliche als um formale Prinzipien ging und die alle darauf hinausliefen, die Person Berlusconi in den Mittelpunkt des Wahlkampfes zu stellen. Weil Lega und AN mit ihren Versuchen, bei den Europa-, Kommunal- und Regionalwahlen eigene Wege zu gehen, nur verloren hatten, beugten sie sich den Bedingungen um so fügsamer. Außer dem Konterfei der lokalen Kandidaten war ganz Italien einzig und allein mit dem Bild des lächelnden Medienzars gepflastert, der sich ansonsten nur auf einem Kreuzfahrtschiff entlang der Küste vor ausgewähltem Publikum zeigte. Einer der Höhepunkte dieser Form des medialen Wahlkampfes, der sich der politischen Debatte entzieht, war die inszenierte Unterzeichnung des »Vertrags mit den Italienern« (siehe Seite 31) in der populären Sendung »Porta a Porta« nicht seines Privatfernsehens, sondern des öffentlichen Fernsehens RAI. In dieser Sendung wurde eigens Berlusconis Schreibtisch aufgebaut, damit er auf altmodischem Kanzleipapier, der *carta bollata*, den auf einer offensichtlich ebenso altmodischen Schreibmaschine verfaßten Vertrag unterschreiben konnte. Darin waren in fünf knappen Punkten auf nur einer Seite scheinbar einfache und einleuchtende Lösungen für die Probleme formuliert, die laut Umfragen den Menschen in Italien am meisten auf den Nägeln brannten: Steuern, öffentliche Sicherheit, Renten und Arbeitslosigkeit.

Wahlplakate 2001: Das Glaubensbekenntnis eines Demagogen

»Ein konkretes Ziel: Weniger Steuern für alle«

»Ein präzises Ziel: Sicherere Städte«

»Ein konkretes Ziel: Ein guter Job auch für dich«

»Eine moralische Verpflichtung: Würdigere Renten«

Als fünfter Punkt wurde geschichtsträchtig die Umsetzung eines »Zehnjahresplans großer öffentlicher Arbeiten« versprochen. Einem Fernsehduell mit dem Spitzenkandidaten des Mitte-Links-Bündnisses und einer Debatte darüber, ob zum Beispiel die Reduzierung auf nur noch zwei Steuersätze für viele Menschen mit niedrigem Einkommen nicht eine Erhöhung der Belastung statt eine Senkung bedeuten würde, wußte Berlusconi aus dem Wege zu gehen. Ähnlich holzgeschnitzt und griffig waren die Schlagworte von den drei »I«: *inglese, internet, impresa* (Englisch, Internet, Unternehmen). Mit solchen Formulierungen traf Berlusconi genau den Ton und die Interessen der Menschen, die bisher Lega gewählt hatten, von dieser aber durch das ziellose Schlingern zwischen Separation und Kuschen vor dem größeren Koalitionspartner ohnehin frustriert waren. Hier bei den Koalitionspartnern und nicht bei der Opposition holte sich Berlusconi seine Stimmen. Der seit 1992 anhaltende Aufwärtstrend der Alleanza Nazionale wurde gestoppt, sie verfehlte ihr Ziel, zumindest drittstärkste Partei zu werden – hinter FI und den Linksdemokraten, die sich nun statt PDS nur noch Democratici di sinistra (DS) nannten. Die Lega erlitt dramatische Einbußen und sank von 10,1 Prozent unter die Vierprozentschwelle. Überall dort, wo Berlusconis Bündnispartner besonders einbrachen wie die Lega im Nordosten und -westen, AN in Mittelitalien, gewann Forza Italia überdurchschnittlich dazu, zog also in den ehemaligen Hochburgen der Democrazia Cristiana einen großen Teil der Wähler auf ihre Seite, die zu Beginn der neunziger Jahre enttäuscht der DC die Treue aufgekündigt und damit das Erdbeben der traditionellen Parteien ausgelöst hatten.

Zu den »Stammwählern« von Berlusconi, die FI seit ihrem ersten Auftreten auf der politischen Bühne immer 20 Prozent der Stimmen gesichert hatten, gehörten ohnehin die Getreuen der Christdemokraten. Nicht nur Berlusconis rastlos tätige Demoskopen hatten längst herausgefunden, daß seine Wähler überwiegend ehemalige Wähler der Christdemokraten im

Rentenalter und darunter vor allem Frauen waren. Die renommierte – Berlusconi nicht nahestehende – Wahlforschungsgruppe Itanes spricht deshalb von »Berlusconis Hausfrauen«. Genau diese Zielgruppe hielt bis in die neunziger Jahre den Christdemokraten die Treue, trotz aller Skandale, trotz Korruption, trotz Mafiaverdacht. Das Stichwort »Kommunismus« genügte und genügt auch heute noch, um diese Wählergruppe zu mobilisieren. Nur so erklärt es sich, daß Berlusconi mit seinen antikommunistischen Invektiven auch mehr als zehn Jahre nach dem Fall der Mauer nicht nur Hohn und Spott erntete. Auf diese Gruppe zielte Berlusconi, wenn er an Millionen Haushalte Bildbände verschicken ließ, die wie Frauenzeitschriften aussahen, voller Fotografien, die einen glücklichen Familienvater im Kreise seiner Lieben und Freunde bei entspannenden Tätigkeiten wie Blumenpflücken zeigten. Auf diese Gruppe zielte Berlusconi auch, wenn er in seinem »Vertrag mit den Italienern« der inneren Sicherheit hohe Priorität einräumte[15].

Mit diesen Stammwählern und den Zugewinnen von seinen Koalitionspartnern erreichte Berlusconis Forza Italia 2001 fast exakt das gleiche Ergebnis wie die ehemaligen Christdemokraten in der letzten Wahl der Ersten Republik 1992. Vielleicht meinte Berlusconi das, wenn er den 13. Mai als den »Tag der Befreiung und der Rückkehr der Demokratie in unserem Land« bezeichnete[16]. Daß hier ein Zyklus zu Ende ging, zeigte sich auch darin, daß Di Pietros Italia dei valori nicht nur die Vierprozenthürde verfehlte, sondern daß der ehemalige Staatsanwalt und die einstige Symbolfigur für ein neues, korruptionsfreies Italien sogar in seinem heimatlichen Wahlkreis durchfiel. Dagegen errang Bobo Craxi, der Sohn des von Di Pietro »verfolgten« und ins »tunesische Exil gejagten« ehemaligen Ministerpräsidenten Bettino Craxi im sizilianischen Trapani, einer alten Mafiahochburg, für FI 56,8 Prozent der Stimmen – und zwar mit dem Slogan, er wolle »von der sizilianischen Küste aus das Grab seines Vaters in Hammamet grüßen«[17].

Doch die Entwicklung der letzten zehn Jahre hat ihre Spuren hinterlassen, denn das neue Wahlrecht beschert eine vorher nie gekannte Machtfülle. Bei den Stimmen für das Mehrheitswahlrecht betrug der Unterschied zwischen den beiden Blöcken ganze 1,8 Prozent. Aufgrund des Multiplikatoreffekts wurden daraus 282 Sitze für die Casa delle libertà gegenüber 192 für den Ulivo[18]. Im Bereich des Verhältniswahlrechts erhöht sich der Vorsprung der Casa auf sieben Prozent, und gerade dieser große Unterschied beweist, daß der Sieg der Mitte-Rechts-Koalition nicht zuletzt einer »meisterhaften Koalitionstechnik«[19] zu verdanken ist. Denn Berlusconi und seine Bündnispartner wußten augenscheinlich am besten eine Lücke des Mattarellum auszunutzen, die nur die wenigen blockunabhängig kandidierenden Parteien vergebens anprangerten. Alle größeren Parteien hatten sogenannte *liste civetta* (Käuzchen-Listen) gebildet, das heißt, daß Kandidaten in sicheren Wahlkreisen als Vertreter von Phantasieparteien auftraten, um einen Stimmenabzug für den Proportionalanteil zu umgehen. Insgesamt erhielt Berlusconis Casa damit 368 der 630 Sitze in der Abgeordnetenkammer und 176 der 315 Sitze im Senat.

Diese genauere Betrachtung der Wahlergebnisse ist keine Haarspalterei und auch nicht der Versuch, das Resultat kleinzureden. Es geht vielmehr darum zu zeigen, daß das Wahlrecht dazu beiträgt, klare Mehrheiten zu garantieren, gleichzeitig aber gefährliche Ungleichgewichte schafft.

Am deutlichsten und vielleicht gefährlichsten äußert sich dieses Ungleichgewicht der demokratischen Institutionen Italiens bei den Medien, dem eigentlichen Schwerpunkt von Berlusconis Wirtschaftsimperium. Der Verwaltungsrat des öffentlichen italienischen Rundfunks und Fernsehens RAI wird nach einem »provisorischen« Gesetz aus dem Jahre 1993 – einer weiteren zur Dauereinrichtung gewordenen Notlösung – von den Vorsitzenden der beiden Kammern bestimmt. Diese gesetzliche Regelung war sicher ohnehin keine besonders glückliche Lösung, aber sie ließe sich bei einem

Parlament rechtfertigen, in dem durch einfaches Verhältniswahlrecht auch Minderheiten vertreten sind. Unter der Wirkung des Mattarellum dagegen mußte aus dem öffentlichen Fernsehen ein Staatsfernsehen wie in totalitären Regimen werden. Es ist deshalb kein Wunder, daß ausgerechnet Berlusconi, der Verfechter freien Unternehmertums par excellence, keinerlei Konsequenzen verlangte, als unter der Mitte-Links-Regierung in einem Referendum die Privatisierung der RAI gefordert wurde.

CONTRATTO CON GLI ITALIANI

tra Silvio Berlusconi,
nato a Milano il 29 settembre 1936,
leader di Forza Italia e della Casa delle Libertà,
che agisce in pieno accordo con tutti gli alleati della coalizione,
e
i cittadini italiani
si conviene e si stipula quanto segue.

Silvio Berlusconi, nel caso di una vittoria elettorale della Casa delle Libertà, si impegna, in qualità di Presidente del Consiglio, a realizzare nei cinque anni di governo i seguenti obiettivi:

1. Abbattimento della pressione fiscale
   - con l'esenzione totale dei redditi fino a 22 milioni di lire annui;
   - con la riduzione al 23 per cento dell'aliquota per i redditi fino 200 milioni;
   - con la riduzione al 33 per cento dell'aliquota per i redditi sopra i 200 milioni;
   - con l'abolizione della tassa di successione e della tassa sulle donazioni.
2. Attuazione del "Piano per la difesa dei cittadini e la prevenzione dei crimini" che prevede tra l'altro l'introduzione dell'istituto del "poliziotto o carabiniere o vigile di quartiere" nelle città, con il risultato di una forte riduzione del numero di reati rispetto agli attuali 3 milioni.
3. Innalzamento delle pensioni minime ad almeno 1 milione di lire al mese.
4. Dimezzamento dell'attuale tasso di disoccupazione con la creazione di almeno 1 milione e mezzo di nuovi posti di lavoro.
5. Apertura dei cantieri per almeno il 40 per cento degli investimenti previsti dal "Piano decennale per le Grandi Opere" considerate di emergenza e comprendente strade, autostrade, metropolitane, ferrovie, reti idriche e opere idro-geologiche per la difesa dalle alluvioni.

Nel caso in cui al termine dei cinque anni di governo almeno 4 su 5 di questi traguardi non fossero stati raggiunti, Silvio Berlusconi si impegna formalmente a non ripresentare la propria candidatura alle successive elezioni politiche.

In fede,

Silvio Berlusconi

http://www.forza-italia.it/cover/piano_governo/il_contratto_con_gli_italiani.html

Die »Anomalie« Italiens ist nicht die Person Berlusconi. Er ist vielmehr Produkt und Nutznießer der nach wie vor unbewältigten Krise nach dem Zusammenbruch der Ersten Republik, und er ist darüber hinaus Nutznießer schwerwiegender Fehler der Mitte-Links-Regierung, die statt zu seiner politischen Demontage zu seiner Legitimierung wesentlich beigetragen hat. So komplex das Phänomen also letztlich ist, so komplex waren von vornherein die Reaktionen der Kritiker. Man kann darin wie Umberto Eco (siehe Seite 42 ff.) eine langfristige, unumkehrbare und auch letztlich keineswegs spezifisch italienische Tendenz sehen, für die Berlusconi zwar Symptom, nicht aber Ursache ist und die, wenn überhaupt, von der Minderheit der noch nicht resignierten Linken lediglich abgebremst werden kann. Man kann wie Flores d'Arcais (siehe Seite 67 ff.) auf die Mobilisierung der »nachdenklichen Mittelschicht« setzen, um über alle Parteigrenzen hinweg eine Verteidigungslinie aufzubauen, denn »wenn etwas absolut Grundlegendes für das Zusammenleben in der liberalen Demokratie durch die Regierung zur Diskussion gestellt, gedemütigt und mit Füßen getreten wird, dann kann es nur noch um dieses Grundlegende gehen, an dem jede politische Entscheidung gemessen werden muß«[20]. Oder man kann, wie dies Rusconi in dem obigen Zitat implizit fordert, Berlusconis Politik konkret analysieren, um eine glaubwürdige und auch für *seine* Wähler attraktive Alternative aufzubauen. Mit diesen drei Positionen ist ein Spektrum der Kritik und der Opposition angedeutet, das sich seit dem Regierungsantritt Berlusconis immer mehr artikuliert hat und in diesem Buch anhand von Texten italienischer Intellektueller und Analysen der bisherigen Politik der Mitte-Rechts-Regierung dokumentiert werden soll.

Adriano Sofri

Der aufhaltbare Aufstieg des Cavaliere

Adriano Sofri (geboren 1942) gründete in den sechziger Jahren die linksradikale Gruppe Lotta Continua. 1997 wurde er aufgrund einer Zeugenaussage zu 22 Jahren Haft verurteilt, da er die Erschießung eines Polizisten angeordnet haben soll. Als Opfer eines der größten italienischen Justizskandale geht er aus dem Gefängnis weiterhin seiner journalistischen Tätigkeit für große italienische Zeitungen nach.

Voltaire schrieb: »Es ist schändlich, seine Seele denen auszuliefern, denen man sein Geld niemals anvertrauen würde.« Genau das ist der Witz bei den italienischen Wahlen am 13. Mai. Das öffentliche Leben hat einen alles beherrschenden Protagonisten: Silvio Berlusconi. Er ist der reichste Mann Italiens. Einige sind der Auffassung, es sei nicht gut, wenn der reichste Mann auch Regierungschef ist. Er ist da anderer Ansicht. Er fragt die Italiener: Gibt es jemanden, dem ihr euer Geld lieber anvertrauen würdet als mir? Viele Italiener überzeugt das so sehr, daß die von Berlusconi unmittelbar vor den Wahlen 1994 gegründete – erfundene – Partei die stärkste Italiens ist. Das Mandat der Wähler über ihr Geld hat er kassiert, jetzt geht es ihnen an die Seele. Man sollte erwarten, daß der Mitte-Rechts-Koalition des Geldes sich also eine Mitte-Links-Koalition der Seele entgegenstellen würde. Aber das geht nicht. Exakt in dem Augenblick, da sie sie am nötigsten hätte, verlor die Linke ihre Seele. Sie ging ihr verloren wie ein Gegenstand. Auf der anderen Seite schämt man sich nicht nur nicht mehr, ein großes Vermögen zu haben (im Sinne des Evangeliums, in dem dem reichen Jüngling gesagt wird: »Verkauf Deinen Besitz und gib das Geld den Armen« und der, als er das hörte, traurig wegging, »denn er hatte ein großes Vermögen«), sondern man rechnet es sich als größtes Verdienst an. Da sie nun auf der Seite der Seele hinken, konzentrieren sich die Gegner Berlusconis auf die schwachen Seiten seines Reichtums. Das sind vor allem zwei: sein unreiner, ja anrüchiger Ursprung und seine Unvereinbarkeit mit dem Amt des Regierungschefs. Immerhin ist Berlusconi der Chef des größten Medienimperiums des Landes.

Berlusconis Partei heißt Forza Italia. »Forza Italia« ist ein patriotischer Slogan – eine Art »allons enfants de la patrie« –, aber direkt aus dem Herzen des Patriotismus der Gegenwart, aus dem Fußball. Man kann dem Namen »Forza Italia« die Namen des Mitte-Links-Bündnisses gegenüberstellen: »Olivenbaum«, »Eiche«, »Margerite«, »Sonnenblume« ... Das verlorengegangene Paradies hat sich in den botanischen Garten zurückgezogen. Die Mitte-Rechts-Koalition hat sich den Namen »Haus der Freiheiten« gegeben. Die Freiheit von Regeln, die das Leben der abhängig Arbeitenden organisieren, und die von Steuern sind die beliebtesten dieser Freiheiten. Der Linken ist es nicht gelungen, sich die Parole der Freiheit zu eigen zu machen. Die Gründe liegen in der nicht ganz überwundenen linken Tradition, die die Gleichheit vor die Freiheit setzte – Erstere war das Ziel, Letztere ein Luxus –, dazu kommt ein diffuser etatistischer Zug, mit dem man glaubt, auf immer wieder neue gesellschaftliche »Ausnahmezustände« reagieren zu müssen.

Die Reihe der gegen Berlusconi erhobenen Anklagepunkte ist beeindruckend. Einige davon sind besonders gravierend. Es wird – ohne daß Beweise vorgelegt werden – behauptet, Berlusconi und einige seiner engsten Mitarbeiter hätten jene Mafia-Massaker angeordnet, in denen 1992 die beiden sizilianischen Symbolfiguren des Kampfes gegen die Mafia – Giovanni Falcone und Paolo Borsellino – starben. Wer einen solchen Vorwurf erhebt, lähmt sich. Denn, wenn man auch nur den Verdacht hat, daß Berlusconi – 1994 sieben Monate lang Regierungschef, dann sieben Jahre lang Führer einer, wenn auch nicht im Parlament, so doch im Land majoritären Opposition und wahrscheinlich bald wieder Regierungschef – Auftraggeber mafioser Massaker sein könnte, könnte nur Feigheit einen daran hindern zur – legalen oder illegalen – Rebellion überzugehen. Was für eine Art von Legalität könnte es in einem solchen Land geben? Der übertriebene Eifer der Ankläger und die Verlagerung der politischen Auseinandersetzung auf das Gebiet der Strafjustiz ist eine zweischneidige Sache. Wenn die Prozesse mit Freisprüchen enden oder nur minder schwere Taten gestraft werden, so gehen die Angeklagten als triumphale Sieger aus den Verhandlungen hervor.

Es ist ein wenig gewagt, erklären zu wollen, warum Berlusconi, dem die herkömmliche Politik völlig fremd ist, auf das Publikum so verführerisch wirkt. Die politische Welt hat kein politisches Verhältnis zu Berlusconi. Sie weiß nicht, wie sie eins bekommen könnte – vielleicht ist es ganz unmöglich. Sie hat zu ihm das Verhältnis, das Charlot zum Millionär hat. Nachts nimmt er sie überall hin mit, schenkt ihr alles, weint an ihrer Schulter. Am Morgen läßt er sie vom Personal rausschmeißen. Mit dem Unterschied: Berlusconi ist kein normaler Millionär, sondern ein Glücksritter. Berufspolitiker sehen in ihm einen Abenteurer, eine Art Betrüger, vor dem sie sich mal in acht nehmen und ein anderes Mal anbetend in die Knie sinken. Sie sind seine Subjekte, drängen sich um ihn, um ein paar der Papiere aufzufangen, die er am Morgen wegwirft. Sie finden, er singt wunderbar, und doch lauern sie auf seinen Sturz, auf den den Abenteurer stets verfolgenden Ruin: Verhaftung, Krankheit, Blamage. Berlusconi zeigt eine verrückte, alles andere als banale Verwegenheit. Über die gefährlichsten Wege reitet der Cavaliere von Sieg zu Sieg. Er ging, so erzählt er, nur aus einem einzigen Grunde in die Politik: Sie wollten ihm alles wegnehmen. Als er erst mal drin war, fand er Gefallen an ihr. Andere Abenteurer folgten ihm: weniger vom Ruin bedroht, weil sie nicht so gierig hinter dem Triumph her sind.

Die unwiderstehliche Kraft dieser neuen politischen Klasse liegt darin, daß sie sich dem gemeinen Manne, an den sie sich wendet und den sie formen möchte, bis zum Mit-ihmeins-Sein annähern. Die eiserne Arroganz, die Anbetung des Geldes, die Rachsucht, die Anmaßung, die Angst, die Vulgarität des Autodidakten, des Neureichen, der »Neuen Italiener« sind nicht anders als die der »Neuen Russen«. Die Linke – um entschieden undifferenziert zu reden – hat ihre politische Identität verwischt; sie gleicht jetzt niemandem mehr, am wenigsten sich selbst. Sie ist unglücklich dran, denn eine Maske zu verlieren, bedeutet ein Gesicht zu gewinnen – oder aber festzustellen, daß unter der Maske nichts war. Die Chefs der Mitte-Links-Koalition stehen vor zwei Möglichkeiten: die Beseitigung des Problems dem Schicksal – den Richtern oder den Krankheiten – zu überlassen oder aber mit Berlusconi zu verhandeln, »als wäre er normal« und völlig legitim. Von nun an wird das auch das Problem Europas sein.

Man ist sehr versucht, Berlusconi als den Einbruch der Moderne in die italienische Politik zu betrachten. In Wahrheit ist die New Economy erst spät und nur sehr oberflächlich zu einem Interessengebiet seiner Unternehmungen geworden. Aber das politische System Italiens war so konservativ und von der sogenannten »Revolution der Staatsanwälte« so zerstört, daß ihm Berlusconis Auftritt wie die Landung eines Aliens vorkam. Seine sehr spezielle Modernität hatte vor allem zwei Aspekte: den Auftritt eines »neuen Menschen«, der nicht vom Parteiensystem gehegt und gepflegt worden war und, noch wichtiger, die Heraufkunft eines frechen, völlig schamlosen Konsumismus – ein »Mädchen Rosemarie« ohne Schuldkomplex, – Fernsehen, Fußball, Millionenquiz, Gaudi. Man darf nicht vergessen, Italiens politische Klasse gehörte, trotz des sonnig-genießerischen Bildes, das man von Italien hat, zu den ernstesten, ja tendenziell griesgrämigsten Europas. Da waren einerseits die Katholiken, für die Politik ein Opfer war und andererseits die Kommunisten, die sie aus Strenge – auch gegen sich selbst – betrieben. Die Aura von antikem, feierlichem Zeremoniell, die in der bleiern genannten Zeit tatsächlich bleiern wurde, war auch dem Wohlstand, dem Fernseher und der Scheidung nicht gewichen. Sie hatte sich nur ein wenig beleidigt zurückgezogen. Mit Craxi veränderte sich das alles auf einen Schlag. Bettino Craxi, obwohl nur Führer einer kleinen sozialistischen Partei, spielte mit den Krisen der beiden großen Parteien, der Christdemokraten und der Kommunisten, und verließ sich ganz auf seine großartigen Fähigkeiten als *political animal*. Die achtziger Jahre wurden von ihm geprägt. Für die Notabeln der alten Politik war Craxi ein skandalös neuer Mann, und doch war er Politiker gewesen seit er keine kurzen Hosen mehr trug und »Politik an erster Stelle« war sein Lebensmotto. Craxi war Profiteur und Opfer seines Talents. Er manipulierte seine Kollegen wie ein Zirkusdompteur, aber er verachtete alles, was vor dem Vorhang passierte, und so begann man, die überlieferten Regeln und Gewohnheiten zu verhöhnen. Es entstand der geizige, fremdenfeindliche Separatismus des reichen Nordens. Die ostentative Vorurteilslosigkeit, mit der Craxi und die Seinen die Beziehungen zwischen der Macht und dem Geld behandelten, entfesselte eine Reaktion der Justiz, die bald begeistert unterstützt wurde von der Bevölkerung. Das aus dem Krieg hervorgegangene politische System Italiens stürzte. Berlusconis unternehmerischer Aufstieg hatte im Schatten Craxis stattgefunden. Dessen Sturz gab den Blick frei auf Berlusconi. Vielleicht hätte Berlusconi niemals daran gedacht, in die Politik zu gehen. Von den alten Familien des italienischen Kapitalismus distanziert, wenn nicht gar misstrauisch betrachtet, entschied sich Berlusconi, »das Spielfeld zu betreten«. Das minderte aber nicht, wie er wohl kalkuliert hatte, die Aufmerksamkeit der Justiz. Im Gegenteil: Es kam zu immer mehr, zu immer schwerwiegenderen Anklagen. 1994, gleich beim ersten Versuch, gewann Berlusconi die Wahlen und wurde Regierungschef. So etwas hatte es in noch keinem modernen Staat gegeben. Die Prozesse, die Rebellion der Gewerkschaften und Bossis von blutrünstigen Beleidigungen begleiteter Seitenwechsel brachten jedoch seine Koalition in die Krise. Als 1996 die von Romano Prodi angeführte Mitte-Links-Koalition die Wahlen gewann, regierte sie vor allem mit dem Ziel, Italien Maastricht-gerecht zu machen. Es gelang ihr. Nachdem das erreicht war, haben auseinander strebende Gruppen- und Privatinteressen die Koalition stark unterminiert.

Berlusconi blieb in diesen Jahren immer der Führer der von Finis Postfaschisten und einigen Überbleibseln der Democrazia Cristiana ergänzten Opposition. Aber privat lebte er weiter zwischen tödlichen Stürmen und wunderbaren Errettungen. Mit Klauen und Zähnen hat er sich an der Wand stehend gegen die Justiz verteidigt. Er rief die Seinen auf die Straßen und Plätze und er gewann mit einem Geniestreich: Er sprach nicht mehr von »Richtern«, sondern von »Kommunisten«. Berlusconi hat seinen privaten Widerstand gegen eine ihn belagernde Justiz in eine allgemeine Mobilmachung gegen die Kommunisten verwandelt. Seine Gefolgsleute und Bündnisgenossen hatten so nicht mehr das dumme Gefühl, einem von den Gerichten verfolgten Führer nachzulaufen, sondern sie folgten, indem sie den Kommunismus bekämpften, einem Ideal. Berlusconis Jagdruf »Kommunisten« wiederbelebte, was vernünftige Zeitgenossen unvernünftigerweise für einen belächelnswerten Anachronismus gehalten hatten. »Kommunisten« reißen die Türen auf und lassen die klandestinen Immigranten herein, sie beschützen die Kriminellen, fordern, daß der Staat sie mit Drogen versorgt und die Ehe für Homosexuelle. Und außerdem bekämpfen sie das Schöne: die Privatinitiative, den Wunsch, reich zu sein, nicht von Steuern zerschmettert zu werden. In einer gefährlichen Situation kann man dem Extremismus nicht beschwichtigend entgegentreten. So verliert man. Man muss wenigstens eine Beleidigung finden, die den »Kommunisten« gleichkommt. »Antikommunisten« geht nicht und »Egoisten« auch nicht. Damit kann man den soliden Massenegoismus nicht beleidigen.

Ungefähr 58 Millionen Italiener gibt es. Das Bevölkerungswachstum liegt heute unter dem deutschen. Wir leben auch länger als die Deutschen: 76 Jahre die Männer, 82 die Frauen.

Was die technologische Qualität unserer Produkte angeht, trennt uns ein riesiger Abstand von Deutschland. Er wird durch die massive Kürzung unserer Forschungsausgaben noch vergrößert. Der schmeichelhafteste Erfolg der Mitte-Links-Regierungen ist die Sanierung der Staatsfinanzen, die die letzten christdemokratischen Regierungen an den Rand eines wirklichen Bankrotts gebracht hatten. Sie wurde erreicht durch eine strenge Steuerpolitik, durch Reduzierung der staatlichen Investitionen, durch Einnahmen aus Privatisierungen. Seit zwei Jahren zieht die Beschäftigung in Italien wieder an. Manche Beobachter bedauern, daß es der Mitte-Links-Regierung nicht gelingt, dieser positiven Bilanz in den Augen der Öffentlichkeit das richtige Gewicht zu geben. Aber nun erwarten die italienischen Unternehmer von der neuen Regierung vor allem Steuersenkungen und die Freiheit, zu entlassen. Zwei Themen haben den Wahlkampf bestimmt: die »Sicherheit« und die Immigration. Ängste, die Europa vereinen.

Francesco Rutelli, Bürgermeister von Rom und Kandidat von Mitte-Links, hat einen engagierten Wahlkampf geführt. Aber nur wenige glauben an eine Renaissance von Mitte-Links. Die Warnungen der europäischen Presse werden keinen Einfluss auf die italienischen Wahlen haben. Sie kamen spät und in einer internationalen Situation, die durch den republikanischen Wahlsieg in den USA entscheidend verändert ist. Die italienischen Wahlen sind ein Plebiszit für oder gegen Berlusconi. Und dann? Wer weiß? Heute sagt er: Ich werde Italien völlig umkrempeln. Er ruft: Ich werde Revolution machen. Der aufhaltbare Aufstieg des Dr. Berlusconi ist allen ein Rätsel. Wahrscheinlich auch ihm.

»Im Wahlkampf werden wir nicht über Programme diskutieren, denn das bringt keine Stimmen.«

Berlusconi, 4. März 2001

Andrea Camilleri

Das Evangelium der zwei Apostel

Andrea Camilleri (geboren 1925) lebt in Rom und seinem Geburtsort Porto Empedocle auf Sizilien. Als Erfinder des gefeierten Commissario Montalbano und einer eigenen »sizilianischen Kunstsprache« wurde er erst vor einigen Jahren zum Erfolgsautor. Bei Wagenbach erschienen unter anderen »Der unschickliche Antrag«, »Die Mühlen des Herrn« und »Der vertauschte Sohn«.

Diese politisch nicht korrekten Märchen sind dem Cavaliere von Ilatien gewidmet vom Autor des Commissario Montalbano

Unter den zahlreichen Aposteln, die durch Werke und Taten das Wort des Cavaliere verbreiteten, waren zwei, Marcello und Cesare, die auch die Verfasser der Evangelien waren, die noch heute die übernatürliche Größe und Herrlichkeit des Cavaliere erkennen und bewundern. Zwischen den beiden heiligen Schriften gibt es jedoch Abweichungen, die gleichwohl den grundlegenden Wahrheitsgehalt des Erzählten unangetastet lassen. Sie stimmen überein in der Episode über den zwölfjährigen Cavaliere, der, von ein paar gottlosen Gewalttätern – auch Kommunisten genannt – überfallen wurde, diese jedoch in die Flucht schlagen konnte, indem er als neuer David Steine gegen sie schleuderte und sie auch gleich an der Stirn traf – denn seine Hand wurde vom Allerhöchsten geführt. Dagegen gibt es Unstimmigkeiten – aber nur in einem Detail – darüber, ob der Cavaliere übers Wasser gegangen ist, wie er selbst es einigen wenigen Aposteln anvertraut hatte. Während Marcello behauptet, der Cavaliere habe gesagt: »Ich bin über das Wasser gegangen«, erzählt Cesare, der genaue Satz habe gelautet: »Mir hat das Wasser bis zum Hals gestanden«. Demgegenüber stimmen die beiden Evangelisten vollkommen überein im Bericht über das wundersame Erwachen des Jünglings, der im Koma lag und das Bewußtsein wiedererlangte, als er die Stimme des Cavaliere während einer seiner Predigten hörte. Ebenso stimmen Marcello und Cesare bei dem Wunder überein, das man die »Bekehrung des Hohen Rates« nennt. Als er von seinen Feinden vor den Hohen Rat geschleppt wurde, klagte man den Cavaliere einer Schuld an, die er niemals auf sich geladen hatte, und er mußte schwere Strafen ertragen. Doch nach einiger Zeit gelang es ihm mit Hilfe des Apostels Cesare, die einzelnen Mitglieder des Hohen Rates unter vier Augen zu sehen. Er sprach lange mit ihnen und ließ sie vom Heiligen Geist erleuchten. Am Ende wurde er nicht nur bar jeder Sünde, auch der Erbsünde, befunden, sondern einige seiner früheren Verfolger schlossen sich ihm an und wurden seine Apostel. Die wenigen Standhaften des Hohen Rates, die auf satanische Weise fortfuhren, ihn zu beschuldigen, hatten ein kurzes und unglückliches Leben. Etwas Merkwürdiges am Rande: die beiden Evangelisten kommen sonderbarerweise nicht auf das aufsehenerregendste und weithin bekannteste Wunder zu sprechen, nämlich das der wunderbaren Milliardenvermehrung.

»Er liebt Märchen, weil dort immer die ›guten Seelen und die Schwächsten‹ als Sieger hervorgehen.«

Aus der Wahlbroschüre »Una storia italiana«

Umberto Eco

Wem schlägt die Stunde?
Appell zu einem moralischen Referendum

Umberto Eco (geboren 1932 in Alessandria) lebt in Mailand. Er ist Semiotik-Professor in Bologna, Ehrendoktor zahlreicher Universitäten und Schriftsteller. »Der Name der Rose« und »Das Foucaultsche Pendel« waren Welterfolge; zuletzt erschienen sein Roman »Baudolino« und »Mein verrücktes Italien«.

Niemandem würde es gefallen, eines Morgens aufzuwachen und zu entdecken, daß alle Zeitungen, vom »Corriere della Sera« bis zum »Manifesto«, alle Wochen- und Monatszeitschriften, vom »Espresso« bis »Novella 2000«, und sogar alle Online-Magazine ein und demselben Eigentümer gehören und daher unvermeidlich, ob sie wollen oder nicht, dessen Meinungen widerspiegeln. Wir würden uns weniger frei fühlen.

Genau das ist es aber, was bei einem Sieg von Berlusconis Polo della Libertà geschehen würde. Ein und derselbe Eigentümer hätte dann durch privaten Besitz die Verfügungsgewalt über drei Fernsehanstalten und durch politische Kontrolle die Macht über die drei anderen – und die sechs landesweiten TV-Sender sind für die öffentliche Meinungsbildung wichtiger als alle Zeitungen zusammen. Derselbe Eigentümer verfügt bereits über große Tageszeitungen und Magazine, aber man weiß ja, wie es in solchen Fällen geht: Andere Zeitungen würden sich der Regierungslinie anschließen, sei's aus Tradition, sei's weil die Eigentümer es nützlich fänden, Direktoren zu ernennen, die der neuen Mehrheit nahestehen. In Kürze hätten wir ein De-facto-Regime.*

Unter einem De-facto-Regime muß man ein Phänomen verstehen, das sich von selbst einstellt, auch wenn man annimmt, daß Berlusconi ein absolut korrekter Mann ist, daß sein Reich-

* *un regime di fatto* – mit »Regime« wird in Italien gewöhnlich das Regime Mussolinis bezeichnet.

tum auf tadellose Weise zustandegekommen ist und daß sein Wunsch, dem Lande auch gegen die eigenen Interessen zu dienen, ehrlich ist. Wenn je ein Mensch sich in der Lage befände, de facto sämtliche Informationsquellen seines Landes zu kontrollieren, könnte er sich, selbst wenn er ein Heiliger wäre, nicht der Versuchung entziehen, dies nach der Logik zu tun, die das System ihm aufzwingen würde, und selbst wenn er sein Bestes täte, um dieser Versuchung nicht zu erliegen, würde das De-facto-Regime von seinen Mitarbeitern errichtet werden. Es ist noch nie vorgekommen, in keinem Land der Erde, daß eine Zeitung oder ein Fernsehsender spontan eine Kampagne gegen den eigenen Besitzer initiiert hat.

Diese Situation, die inzwischen weltweit als italienische Anomalie bekannt ist, müßte genügen, um festzustellen, daß ein Wahlsieg Berlusconis in unserem Land nicht – wie viele Politologen behaupten – einem normalen Wechsel zwischen rechten und linken Parteien gleichkäme, wie er zur demokratischen Dialektik gehört. Die Errichtung eines De-facto-Regimes (das sich, ich wiederhole es, von selber errichtet, unabhängig vom Willen der Individuen) gehört zu keiner Art von demokratischer Dialektik.

Um zu erklären, warum unsere Anomalie nicht die Mehrheit der Italiener alarmiert, muß man zunächst untersuchen, wie sich die potentielle Wählerschaft Berlusconis zusammensetzt. Sie hat zwei Komponenten. Die erste ist die *motivierte* Wählerschaft.

Diese Wähler sind jene, die Berlusconi aus echter Überzeugung folgen. Motivierte Überzeugung ist die des fanatischen Lega-Anhängers, der am liebsten alle Ausländer und möglichst auch alle Süditaliener in plombierte Waggons setzen würde; die des gemäßigten Lega-Anhängers, der es für richtig hält, die Partikularinteressen seines geographischen Raumes zu verteidigen, im Glauben, daß es möglich sei, getrennt vom Rest der Welt und gegen sie abgeschottet zu leben und zu gedeihen; die des Exfaschisten, der, obwohl er die demokratische Ordnung akzeptiert (wenn auch widerwillig), seine nationalistischen Werte hochzuhalten gedenkt und eine radikale Revision der Geschichte des 20. Jahrhunderts anstrebt; die des Unternehmers, der (zu recht) annimmt, daß die von Berlusconi versprochenen Steuererleichterungen nur den Wohlhabenden zugute kommen werden; die des Bürgers, der Ärger mit der Justiz gehabt hat und im Polo della libertà ein Bündnis sieht, das die Unabhängigkeit der Staatsanwaltschaften einschränken wird, und die des Steuerzahlers, der nicht will, daß seine Steuern für unterentwickelte Zonen ausgegeben werden. Für all diese Leute sind die Anomalie und das De-facto-Regime wenn nicht willkommen, so doch ein in Kauf zu nehmender Preis, den man bezahlen muß, wenn man seine Ziele erreichen will – und deshalb wird keine entgegengesetzte Argumentation sie von einer bewußt getroffenen Entscheidung abbringen können.

Die zweite Komponente, die wir die *faszinierte* Wählerschaft nennen wollen und die sicher zahlenmäßig die stärkste ist, besteht aus denen, die keine bestimmte politische Meinung haben, sondern ihr Wertesystem der schleichenden Indoktrinierung verdanken, die ihnen jahrzehntelang vom Fernsehen verabreicht worden ist, nicht nur von den Sendern Berlusconis. Für diese Leute gelten Ideale des materiellen Wohlstands und eine mythische Sicht des Lebens ähnlich der jener Neuankömmlinge, die wir verallgemeinernd die »albanischen Migranten« nennen können. Der albanische Migrant würde nicht im Traum daran denken, nach Italien zu kommen, wenn ihm das Fernsehen jahrelang nur das Italien in Filmen wie »Fahrraddiebe«, »Roma città aperta« oder »Paisà« gezeigt hätte – ja, er würde dieses unglückliche Land nach Kräften meiden. Er kommt zu uns, weil er ein Italien kennt, in dem ein reiches und farbenprächtiges Fernsehen leichthändig Reichtümer an diejenigen verteilt, die wissen, daß Garibaldi mit Vornamen Giuseppe hieß – ein Italien der Glitzer-Show, des Spektakels.

Nun ist es für diese Wähler, die übrigens (wie die Statistiken lehren) kaum Zeitungen und noch weniger Bücher lesen, nicht besonders schlimm, wenn sich ein De-facto-Regime etabliert, das die Anzahl der Spektakel, an die sie gewöhnt sind, nicht verringern, sondern sogar noch vermehren würde. Es ist also lächerlich, sie durch den Hinweis auf Berlusconis Interessenkonflikt sensibilisieren zu wollen. Die Antwort, die man oft zu hören bekommt, ist: Niemanden stört es, wenn Berlusconi seine Interessen verfolgt, solange er nur verspricht, auch die seiner Wähler zu vertreten. Es hat keinen Zweck, diesen Wählern zu sagen, daß Berlusconi die Verfassung ändern will, da sie erstens die Verfassung nie gelesen haben und zweitens sogar von Berlusconis Gegnern im Olivenbaum-Bündnis gehört haben, die Verfassung müsse geändert werden. Also was soll's? Um welchen Artikel der Verfassung es bei dieser Änderung gehen könnte, ist für sie irrelevant. Erinnern wir uns, daß unmittelbar nach Inkrafttreten der Verfassung, 1948, ein Karikaturist namens Candido mit ätzendem Spott über Artikel 2 herzog – der bestimmt, daß die Republik die Landschaft zu schützen hat –, als handle es sich dabei um eine bizarre und irrelevante Aufforderung zum Garteln. Daß dieser Artikel die furchtbaren heutigen Sorgen über die Zerstörung der Umwelt vorwegnahm, entging damals nicht nur der allgemeinen Öffentlichkeit, sondern auch den informierten Journalisten.

Es hat keinen Sinn, diesen Wählern zuzurufen, daß Berlusconi den Staatsanwälten einen Maulkorb verpassen würde, denn für sie verbindet sich die Idee der Justiz mit einer Bedrohung und Bevormundung ihrer privaten Angelegenheiten. Diese Wähler behaupten treuherzig, ein reicher Präsident werde wenigstens nicht stehlen, da sie Korruption in Begriffen von ein paar Zig- oder Hundertmillionen Lire denken, nicht in so astronomischen Zahlen wie Tausenden von Milliarden. Diese Wähler denken (mit Recht), daß Berlusconi sich niemals durch einen Briefumschlag korrumpieren ließe, der den Gegenwert einer Drei-Zimmer-Wohung mit Bad enthielte, oder durch das Geschenk eines großzylindrigen Wagens, aber sie finden (wie übrigens die meisten von uns) den Unterschied zwischen zehn- und zwanzigtausend Milliarden unerheblich. Der Gedanke, daß ein von der neuen Mehrheit kontrolliertes Parlament ein Gesetz verabschieden könnte, das dem Regierungschef durch eine nicht unmittelbar verständliche Kette von Ursachen und Wirkungen tausend Milliarden einbringen würde, entspricht nicht ihrer Alltagsvorstellung von Geben und Haben, Kaufen und Verkaufen oder Tauschen. Welchen Sinn hat es, vor diesen Wählern von Off-Shore-Steuerparadiesen zu reden, wenn sie sich beim Klang dieses Namens allenfalls wünschen, an jenen exotischen Stränden eine Woche Urlaub mit Charterflug machen zu können?

Welchen Sinn hat es, gegenüber diesen Wählern von der britischen Zeitung »The Economist« zu sprechen, wenn sie sogar die Titel der meisten italienischen Zeitungen nicht kennen, nicht wissen, welche Richtung sie vertreten, und sich für Bahnreisen irgendein Blatt kaufen, egal ob ein rechtes oder linkes, solange nur vorne was Nacktes drauf ist? Diese Wähler sind taub für jede Anklage und immun gegen jede Befürchtung eines Regimes. Sie sind ein Produkt unserer Gesellschaft mit ihrem jahrzehntelangen Kotau vor den Werten des Erfolgs und des schnellen Reichtums, sie sind auch von der Presse und dem Fernsehen des nicht-rechten Lagers erzeugt worden – von Paraden biegsamer Models, von Müttern, die endlich ihren nach Australien emigirierten Sohn in die Arme schließen, von Paaren, die bei ihren Nachbarn hohes Ansehen genießen, weil sie ihre Ehekrisen vor einer Fernsehkamera ausgebreitet haben, vom Heiligen, das nicht selten zum bloßen Spektakel verkommen ist, von der Ideologie, daß man nur frech genug sein müsse, um zu siegen, und schließlich von der geringen Medienattraktivität jeder Nachricht, die bezeugt (was die Statistiken beweisen), daß die Kriminalität gesunken ist, während der Einzelfall eines bestialischen Verbrechens viel telegener ist und den Eindruck erweckt, dasselbe könnte morgen jedem von uns passieren.

Diese faszinierten Wähler werden es sein, die Berlusconi an die Macht bringen. Das Italien, das wir bekommen werden, ist das von ihnen gewollte.

Gegenüber der motivierten Wählerschaft und den faszinierten Wählern der Rechten stellt jedoch die größte Gefahr für unser Land die *entmotivierte* Wählerschaft der Linken dar (und ich meine die Linke hier im weitesten Sinne, vom alten laizistischen Republikaner bis zum jungen Neokommunisten und bis zum katholischen Freiwilligen in Hilfsorganisationen, der kein Vertrauen mehr in die politische Klasse hat). Diese Wähler sind die Masse derer, die alles bisher Gesagte schon wissen (und es nicht nötig hätten, es sich nochmals sagen zu lassen), aber sich von der bisherigen Regierung enttäuscht fühlen, die das Erreichte zu wenig finden, gemessen an dem, was sie erwartet hatten, und die sich nun sozusagen entmannen, um ihre Frauen zu ärgern: Um diejenigen zu bestrafen, die sie frustriert haben, bringen sie das De-facto-Regime an die Macht. Die moralische Verantwortlichkeit dieser Linken ist enorm, und die Geschichte wird morgen nicht die Fernsehsüchtigen kritisieren, die den Müll kriegen, den sie gewollt haben, sondern diejenigen, die zwar Bücher und Zeitungen lesen, aber noch nicht begriffen haben oder verzweifelt zu ignorieren versuchen, daß das, was uns in ein paar Tagen erwartet, keine normale Wahl ist, sondern ein *moralisches Referendum*. Im dem Maße, wie sie sich weigern, dies zu erkennen, sind sie zum Höllenkreis der Trägen verdammt.

Gegen die geistige Trägheit sind auch die Schwankenden und die Enttäuschten aufgerufen, einen sehr einfachen Appell zu unterschreiben, der sie nicht zwingt, alle hier vorgetragenen Gedanken zu teilen, sondern nur das Folgende in Fettdruck.

Gegen die Errichtung eines De-facto-Regimes, gegen die Ideologie des Spektakels und für die Bewahrung der Informationsvielfalt in unserem Lande, betrachten wir die anstehenden Wahlen als ein moralisches Referendum, dem sich niemand entziehen darf.

Dies wird für viele ein Appell sein, ihr Gewissen zu prüfen und ihre Verantwortung auf sich zu nehmen. Denn »kein Mensch ist eine Insel ... Und deshalb frage nie, wem die Stunde schlägt; sie schlägt dir.«

Mario Luzi

Der Schlaf der Vernunft

Mario Luzi (geboren 1914) stammt aus Florenz und lebt dort; er hat bereits 1935 seinen ersten Gedichtband »La barca« veröffentlicht und ist der bedeutendste lebende Lyriker Italiens. Auf deutsch erschien unter anderem der Gedichtband »Wein und Ocker«.

Es ist schon ein Armutszeugnis für die Demokratie in unserem Land – und das kann ich besonders aufgrund meines hohen Alters und meines beruflichen wie privaten Hintergrundes sagen –, daß es überhaupt zu einem Aufruf der Intellektuellen kommen mußte. Man sollte sich dazu äußern, welche Rolle die Demokratie in unserem Land überhaupt noch spielt – und das aus gutem Grund.

Der momentane Stand der Dinge ist folgender: Die fortschreitende Wandlung der *res publica* zu einem staatlichen Regierungsunternehmen. Die augenscheinliche Tendenz eben jener Regierung, in der Medienlandschaft jedes konkurrierende Unternehmen oder jedes Organ der Information sowie der öffentlichen Meinung (Radio, Fernsehen, Verlagswesen) sofort zu verschlingen; dasselbe gilt für den Großteil der vielfältigen Institutionen, die für Reichtum und Gleichmacherei sorgen (Versicherungen, Werbung, et cetera). Des weiteren die klammheimlichen Vereinbarungen mit den Herren der Wirtschaft. Die Tatsache, daß die Rechte der Arbeiter systematisch entwertet werden. Dann wäre da noch die sich immer deutlicher abzeichnende feindselige Haltung gegenüber all denen, die nicht käuflich sind. Ganz zu schweigen von der Justiz, die willkürlich schaltet und waltet und Sachverhalte verdreht. Und schließlich der Angriff auf die Verfassung. Ich hoffe, daß der Aufruf der Intellektuellen den Italienern hilft, aus ihrer Lethargie zu erwachen, damit auch bei ihnen der *Schlaf der Vernunft* endlich ein Ende findet.

Giovanni Sartori

Interessenkonflikt

Giovanni Sartori, emeritierter Professor an der Columbia University (New York) und an der Universität von Florenz, Direktor der »Rivista italiana di Scienza politica«, Politikwissenschaftler und international bekannter Autor. Auf deutsch erschien von ihm »Demokratietheorie«.

Über den Interessenkonflikt schlechthin, das heißt, über Berlusconi, wird seit 1994 diskutiert. Auf Seiten des Gesetzgebers wurde das Problem zum ersten Mal vom Senator Gianfranco Pasquino angesprochen, der im Mai jenen Jahres vorschlug, einen einzigen Paragraphen zu schaffen, mit dem festgelegt werden sollte, daß nicht nur der gesetzliche Vertreter, sondern auch alle Personen, die die tatsächliche Kontrolle über Unternehmen mit staatlichen Konzessionen ausüben, nicht zum Parlamentsabgeordneten gewählt werden können. Dieser Vorschlag war im Kern unangreifbar, doch er beschränkte sich darauf, jene Auslegung des Gesetzes zu korrigieren, nach der die Nichtwählbarkeit nur für den gesetzlichen Vertreter galt[1]. Im Fall von Mediaset wäre der Ausgeschlossene also Confalonieri gewesen, nicht Berlusconi. Der erste umfassende Gesetzesentwurf zum gesamten Problem des Interessenkonflikts wurde dann einige Monate später, im Sommer 1994, vom Senator Passigli, einem parteilosen Linken, eingebracht. Laut Passiglis Vorlage sollte es möglich sein, auf die Formel des *blind trust* zurückzugreifen, wenn sie anwendbar war, andernfalls sollte der Betreffende auf seinen Besitz des »Konfliktgutes« verzichten.

Es trifft also nicht zu, daß die Initiative zur gesetzlichen Regelung des Interessenkonflikts von Berlusconi ausging. Der Entwurf Berlusconis und seiner parteiischen Berater (der sogenannten »drei Weisen«) ist ein Gegenvorschlag, der in einen Gesetzentwurf der Regierung vom 2. November

1994 aufgenommen wurde. Die Daten sprechen für sich. Als er ausschließlich das Prinzip des *blind trust* vorschlägt (ohne Erwähnung des Verzichts), kommt Berlusconi zu spät.

Die beiden Texte (die mit dem Entwurf von Pasquino zusammengefaßte Vorlage Passiglis einerseits und Berlusconis Entwurf andererseits) wurden vom Senatsausschuß für Verfassungsangelegenheiten untersucht, der mehrheitlich für den leicht modifizierten Text von Passigli stimmte und ihn der Senatsversammlung zur Prüfung vorlegte. Der Senat verabschiedete den Gesetzentwurf noch vor der Sommerpause 1995. Es blieb noch die Zustimmung der Abgeordnetenkammer. Doch gegen Ende des Jahres wurde die Legislaturperiode unterbrochen und man stand wieder ganz am Anfang. Dies wäre die günstigste Gelegenheit gewesen, endlich zu einer vernünftigen Regelung des Problems zu kommen; eine Gelegenheit, die nicht wiederkehren sollte.

Zunächst muß klargestellt werden, daß die ganze Diskussion von Anfang an unter einer verhängnisvollen Zweideutigkeit litt. Viele sprechen zwar immer noch von Nichtwählbarkeit, doch hier geht es um Nichtvereinbarkeit, nicht um Nichtwählbarkeit. Nach unserer Verfassung kann ein Italiener Regierungschef und mit noch größerem Recht Regierungsmitglied werden, ohne zuvor ins Parlament gewählt worden zu sein. Weder Ciampi noch Amato, um nur an jüngste Beispiele zu erinnern, waren Abgeordnete, als sie Ministerpräsidenten wurden. Das Problem besteht also, um es noch einmal zu sagen, in der Nichtvereinbarkeit. Es ist nämlich die Nichtvereinbarkeit, die die Nichtwählbarkeit in *Regierungsämter* zur Folge hat (eine ebenso wesentliche wie allzu oft vergessene Unterscheidung). Ob Berlusconi ins Parlament wählbar ist oder nicht, ist unwichtig. Der entscheidende Punkt ist, daß die Nichtvereinbarkeit zwischen seinen privaten Interessen und seinen öffentlichen Pflichten und Machtbefugnissen es verbietet, daß Berlusconi Regierungschef werden kann (und außerdem in irgendwelchen Ministerien als Minister fungiert).

Weiterhin muß vorab präzisiert werden, daß es hier nicht um den Umfang von Berlusconis Besitz geht. Wohlgemerkt, dieser Besitz spielt eine Rolle, wenn er die kartellrechtlichen Bestimmungen verletzt, also die Regeln des freien Wettbewerbs auf dem Markt. Ich vermute, daß es so ist, doch das Problem besteht nicht in der Größe der Reichtümer des Cavaliere an sich, sondern in ihrer Natur und ihrem strategischen Einsatz. Weder kriminalisiert Reichtum, noch soll es dem Besitzer eines Wirtschaftsimperiums verboten sein, in die Politik zu gehen. Man muß jedoch verhindern, daß dieses Wirtschaftsimperium sich in ein politisches Imperium verwandelt, das den Staat in seine Fänge nimmt. Und es ist eine Tatsache, daß Berlusconi die Massenmedien und die Organe der öffentlichen Meinungsbildung in Italien zunehmend massiv beeinflußt oder kontrolliert. Das bedeutet, daß Berlusconi in der Lage ist, jene politische Zustimmung zu beherrschen und zu manipulieren, von der er statt dessen eigentlich abhängig sein müßte.

Zurück zum Sieg des Olivenbaum-Bündnisses im Jahr 1996. In der 13. Legislaturperiode gab es in beiden Parlamentskammern mit Sicherheit eine Mehrheit, die in der Lage gewesen wäre, den Entwurf von Passigli durchzusetzen. Auch Bertinotti, der Vorsitzende der Rifondazione Comunista, hatte sich die Frage des Interessenkonflikts nur allzu gerne zu eigen gemacht. Hinzu kommt, daß die Lega Nord sich nach ihrem Bruch mit der Regierung Berlusconi, also ab dem 30. Januar 1995, für eine strenge Regelung des Interessenkonflikts aussprach, der sogar die Logik der Nichtvereinbarkeit berücksichtigte. Das Mitte-Links-Bündnis präsentierte 1996 umgehend den vom Senat bereits in der 12. Legislaturperiode verabschiedeten Gesetzentwurf. Doch danach geschah gar nichts mehr. An diesem Punkt kam alles zum Erliegen. Warum?

Eine erste Erklärung ist, daß Prodi seine Regierung nicht mit Verfassungsreformen beschäftigen wollte, und daß D'Alema zwischen Ende 1997 und September 1998 auf eine Gesamtlösung setzte, die »parteienübergreifend« im Rahmen der Bicamerale abgesprochen werden sollte. Überzeugen kann diese Erklärung aber nur bis zum Scheitern der Bicamerale, danach nicht mehr. Außerdem erklärt sie nicht mehr als einen taktischen Fehler. Wie Passigli sehr deutlich machte, hätte die wirksamste Taktik

> »... für die Mitte-Links-Regierung darin bestanden, verbindliche Richtlinien (...) von einem Teil des Abgeordnetenhauses beschließen zu lassen, und dann damit zu drohen, das Gesetz durch die andere Kammer endgültig verabschieden zu lassen, sollte es in der Bicamerale (...) nicht zu einer Einigung über das Wahlgesetz und die Regierungsform kommen. Wenn D'Alema und die Mehrheit sich wirklich auf ein solches Tauschgeschäft hätten einlassen können, wäre das mit Sicherheit der Weg gewesen, der zum Erfolg geführt hätte«[2].

Statt dessen wurde unbegreiflicherweise der ganz andere, ja, entgegengesetzte Weg eingeschlagen, Berlusconi mit einem einstimmigen Votum des Abgeordnetenhauses die Lösung des *blind trust* zu schenken. Unfaßbar, aber wahr. Im April 1998 erhielt Berlusconi von der Linken die Zusicherung für seinen ursprünglichen Entwurf, also einen Gesetzestext, mit dem er praktisch der unangefochtene und ungestörte Herrscher über alles blieb.

Noch einmal zurück zu der Frage: Warum? Die tiefergehende Erklärung lautet, daß das Mitte-Links-Bündnis über sich selbst und über innere Konflikte stolperte, die seine gesamte Regierungszeit zwischen 1996 und 2001 kennzeichneten. Außerdem hatte die Linke – nach dem Scheitern der Bicamerale – nicht den Mut, den Interessenkonflikt als Druckmittel einzusetzen, weil sie schon 1995 beim Referendum über die Fernsehwerbung gescheitert war. Passigli schreibt: »Diese Niederlage war ein regelrechtes Trauma, brachte es doch die Führer des Mitte-Links-Bündnisses zu der Überzeugung, jeder direkte Angriff auf Berlusconi würde diesen nur noch stärker machen, da er sich als Opfer hinstellen könnte«[3]. Was Passigli hier berichtet, trifft zu. Das ändert aber wohl nichts an der Tatsache, daß die Linke bei dieser ganzen Partie gleich zwei Fehler machte. Ein erster Fehler (sich für besagtes Referendum einzusetzen) muß nämlich nicht notwendigerweise einen zweiten nach sich ziehen. Ich habe damals von dem Referendum 1995 abgeraten, mit dem Hinweis, die Linke könne nicht gegen die eine Hälfte des italienischen Fernsehens (Berlusconis Sender) kämpfen, ohne über die andere Hälfte, also das öffentlich-rechtliche Fernsehen zu verfügen und es mit der gleichen erbarmungslosen Stoßkraft einsetzen zu können. Doch warum hätte die Niederlage im Kampf um ein Referendum die Niederlage in der parlamentarischen Auseinandersetzung bedeuten müssen, zumal für eine Mehrheit, die gerade im Parlament mindestens zwei Jahre lang alle Aussichten hatte, diesen Kampf zu gewinnen? Man kann hier schlichtweg nur von der Dummheit der Linken sprechen.

Im April 1998 sah die Lage jedenfalls folgendermaßen aus: Die Linke hatte in der Abgeordnetenkammer nicht nur einstimmig für die falsche Lösung des *blind trust* entschieden, sie hätte diese Lösung auch im Senat durchgehen lassen. Nur vom passiven Widerstand des Senators Passigli konnte diese Torheit noch abgewendet werden. Er war damals Referent des Gesetzes und blockierte es etwa zwei Jahre lang im Senatsausschuß im Palazzo Madama. Erst gegen Ende der Legislaturperiode (Ende Februar 2001) kam die Linke verspätet wieder zur Besinnung und konnte im Senat ein neues Gesetz über den Interessenkonflikt verabschieden, das wir nach dem Namen der Referentin Legge Dentamaro nennen wollen. Zu dem Zeitpunkt lag es jedoch auf der Hand, daß die Legge Dentamaro auch (aber nicht nur) aus Zeitgründen im Abgeordnetenhaus nicht durchgehen konnte und darum verfallen würde.

Aber auch der Dentamaro-Entwurf bewegte sich immer noch auf dem falschen Weg des *blind trust*, er hatte zwar schärfere Kontrollen eingebaut, dennoch war er der falschen Formel aufgesessen[4]. Die Formel des *blind trust* bedeutet – im Fall von Fininvest und Mediaset – nichts als Vernebelung. Und solange die Linke an der Macht war, hat sie diese einfache Wahrheit nicht begriffen. Dieser Punkt ist wichtig, denn diejenigen, die auch heute immer noch nicht einsehen wollen, wie schwerwiegend das Problem des Interessenkonflikts von Berlusconi ist, reiten gerne auf dieser Frage herum: Wenn es denn ein so gravierendes Problem ist, warum hat die Linke es dann in den fünf Jahren, in denen sie die Macht dazu gehabt hätte, nicht gelöst? Diese Frage ist durchaus berechtigt. Tatsächlich hätte die Linke einen Nobelpreis für Ahnungslosigkeit verdient. Nach diesem gebotenen Eingeständnis bleibt das Problem freilich bestehen.

Worum geht es genau? Die Formel des *blind trust* findet – wie schon der Ausdruck selbst besagt – Anwendung auf Dinge, die unsichtbar gemacht werden können. Tatsächlich wurde sie für Vermögen geschaffen, die aus dem Besitz von Aktienpaketen bestehen. Solche Pakete bedeuten, wohlgemerkt, keine Kontrolle über ein Unternehmen, sondern sind Investitionen in den An- und Verkauf. Wenn also ein Industriemagnat der Präsident der Vereinigten Staaten wird, und wenn sein Vermögen aus solchen Aktienpaketen bestünde, dann kann sein Problem (zu vermeiden, daß ihn seine privaten Interessen bei seinen Amtsgeschäften begünstigen) mit Hilfe eines »blinden Vertrauens« gelöst werden. Die Verwaltung des Vermögens geht in die Hände einer erwiesenermaßen rechtschaffenen und unabhängigen dritten Person über, die ohne die Kenntnis des Präsidenten der Vereinigten Staaten Aktien kaufen und verkaufen wird. Auf diese Weise kann der Präsident nicht wissen, was genau sich in seinem Besitz befindet, und hat keine Möglichkeit, sein Eigentum zu begünstigen.

Der Fall Berlusconi liegt völlig anders. Er weiß, daß er Fininvest, Mediaset, Publitalia und so weiter besitzt, und weiß daher auch sehr gut, welche Maßnahmen (oder unterlassenen Schritte) seinen Interessen nützen. Die Tatsache, daß die

Verwaltung seines Vermögens – welches in jedem Fall vollkommen sichtbar bleibt – an einen Dritten übergeht, mithin die Trennung zwischen Besitz und Verwaltung – verändert an diesen Gegebenheiten überhaupt nichts. Was bedeutet, daß die Lösung des *blind trust* im vorliegenden Fall nur eine Vernebelung darstellt, die das Problem verharmlost und den lächerlich macht, der so naiv ist, sie ernst zu nehmen. Im Fall Berlusconi (und entsprechendes gilt für ähnlichen Fälle, zum Beispiel wenn Murdoch in die Politik ginge) besteht darum die einzige Lösung des Problems – wie in jedem anderen demokratischen Staat auch – im Zurücktreten von den Besitztümern, die man nicht zu »unsichtbarem Besitz« machen kann.

Berlusconi hat niemals behauptet, er habe in dieser Sache niemanden betrogen. Das *blind trust* ist ihm von seinen »Weisen« vorgeschlagen worden, und er hat natürlich gesagt: das ist mir recht. Dann ist es ihm durch die Unüberlegtheit seiner Gegner sogar noch als Geschenk in den Schoß gefallen. Wie könnte man so etwas ablehnen? Berlusconi hat klugerweise nicht abgelehnt. Doch ebensowenig hat er selbst je behauptet, daß das sogenannte »blinde« Vertrauen wirklich blind sei. Seine Verteidigungsstrategie war eine andere. Sie bestand in der Feststellung, es sei nicht nur ungerecht, sondern auch illegal und verfassungswidrig, ihn zu zwingen, Mediaset und die anhängenden Unternehmen zu verkaufen.

Eine ganze Reihe angesehener Juristen, außerdem alle wichtigsten Vertreter von Forza Italia und sämtlicher Kräfte im Bündnis des Polo haben die folgenden Thesen vertreten:

1. Ein erster Einwand, der mit der Verfassungswidrigkeit argumentiert, bezieht sich auf den Artikel 51 der Verfassung, der sowohl den gleichberechtigten Zugang aller Bürger zu politischen Ämtern festlegt (passives Wahlrecht), als auch das Recht eines in politische Ämter gewählten Bürgers, seinen Arbeitsplatz zu behalten. Dieser letzte Einwand ist wahrhaft lächerlich. Ein Berlusconi, der Media-

set gegen einen anderen Besitz eintauscht, und dabei *in itinere*, sagen wir, zwanzigtausend Milliarden Lire kassiert, soll vergleichbar sein mit einem arbeitslosen, ehemals bei Mediaset beschäftigten Bürger, der seinen Arbeitsplatz zu Unrecht verloren hat? Noch hanebüchenere Ausflüchte sind kaum mehr vorstellbar. Was nun den ersten Einwand der Verfassungswidrigkeit betrifft, so lautet der Artikel 51: »Alle Staatsbürger (...) haben unter gleichen Bedingungen gemäß den durch Gesetz bestimmten Erfordernissen Zugang zu den öffentlichen Ämtern und zu den Wahlmandaten«. Die Verfassung verweist bei den »Erfordernissen« für das passive Wahlrecht also auf das ordentliche Gesetz (in diesem Fall wäre es das Gesetz über den Interessenkonflikt)[5]. Damit wird dieser Einwand der Verfassungswidrigkeit *eo ipso* haltlos.

2. Ein zweiter, vermeintlicher Verfassungsbruch soll darin bestehen, daß das Recht auf Privateigentum verletzt würde, wenn man Berlusconis Vermögen angreift. Die Schwäche dieses Arguments liegt darin, daß keine einzige demokratische Verfassung die absolute Unantastbarkeit des Privateigentums sanktioniert. Unsere Verfassung erklärt: »Die Privatinitiative in der Wirtschaft (...) darf sich aber nicht im Gegensatz zum Nutzen der Gesellschaft (...) betätigen« (Artikel 41), und: »Das Privateigentum wird durch Gesetz anerkannt und gewährleistet, welches die Arten seines Erwerbs, seines Genusses und die Grenzen zu dem Zweck regelt, seine sozialen Aufgaben sicherzustellen und es allen zugänglich zu machen« (Artikel 42). Die Verfassung sieht also auch in diesem Fall »Grenzen« vor, die festzulegen dem Gesetz obliegt. Und es besteht kein Zweifel, daß der ungeheure Interessenkonflikt des Cavaliere »soziale Aufgaben« (sogar die öffentliche Meinungsbildung) und Probleme des Zugangs zum Eigentum (im Sinne des Kartellrechts) berührt. Berlusconi kann daher keine Verteidigung durch das Recht auf Privateigentum beanspru-

chen. Auch dieser Einwand der Verfassungswidrigkeit ist offenkundig ein Vorwand.

3. Ein drittes Argument lautet, daß es einer Enteignung gleichkäme, würde man Berlusconi zwingen, Mediaset und die angrenzenden Unternehmen zu verkaufen. Aber nicht doch. Zunächst einmal ist der Verkauf der Unternehmen auf dem freien Markt, der ihm auferlegt werden würde, kein unumgängliches Gebot. Berlusconi wird ja nur gezwungen, zu wählen: entweder Mediaset oder der Palazzo Chigi. Und was die Verfassung in jedem Fall verbietet, ist die Enteignung ohne Entschädigung. Zum Problem des Privateigentums fährt der Artikel 41 fort: »Das Privateigentum kann in den durch Gesetz vorgesehenen Fällen und gegen Entschädigung aus Gründen des Gemeinwohls enteignet werden«. Selbst wenn es also Enteignung wäre (und das ist es nicht), wäre sie laut Verfassung möglich. Dieser Einwand ist noch haltloser als die anderen.

4. Eine vierte Verteidigungsstrategie sieht von verfassungsrechtlichen Pseudoargumenten ab und stützt sich auf den »Freispruch durch die Wahl«. Das ist nun besonders lächerlich. Bei Wahlen wird jemand nur gewählt, mehr nicht. Wenn zufällig ein Mörder gewählt wird, dann bleibt er trotz seiner Wahl immer noch ein Mörder.

5. Außerdem gibt es, fünftens, das Argument, daß Berlusconi, da er ja schon so reich sei, es nicht nötig habe, zu stehlen, wie bei mittellosen Politikern üblich. Bis zur französischen Revolution ließ sich mit diesem Argument die oligarchische Regierung der Adeligen rechtfertigen. Befremdlich, erleben zu müssen, daß es in einer Demokratie wieder ausgegraben wird. Es geht nicht darum, ob Berlusconi stiehlt oder nicht. Das Argument vom Reichen, der nicht stiehlt, gehört in die Welt der Märchen. Um es Erwachsenen unterzujubeln, brauchte man das Fernsehen (des Betreffenden).

Die Problematik bleibt bestehen, auch wenn die Wahlen vom 13. Mai 2001 Berlusconi an die Macht gebracht haben. Was sich durch Berlusconis Wahlsieg ändert, ist die Lösung (oder Nicht-Lösung) des Problems. Bis zu den letzten Wahlen hat der Cavaliere sich defensiv verhalten, jetzt kann er dagegen in die Offensive gehen und hat das auch unverzüglich getan. Ein erster Entwurf ist ihm von Professor Antonio Baldassarre vorgelegt worden[6]. Doch Berlusconi hat sich lieber auf die von Frattini, Letta und Urbani ausgeheckte Vorlage verlassen, die von der Regierung dann als Gesetzentwurf Frattini präsentiert wurde. Überflüssig, zu erwähnen, daß Frattinis Entwurf für den Cavaliere vorteilhafter ist als jeder andere. Im einleitenden Bericht zu seiner Gesetzesvorlage gibt Frattini unumwunden zu, daß »auch die strengste Regelung zur Abtrennung und kommissarischen Verwaltung des Unternehmens seine Sichtbarkeit nicht verringern könnte«, woraus er ganz richtig folgert, daß »hier also alle nicht praktikablen Lösungen des Unsichtbarmachens aufgegeben werden müssen«, was bedeutet, daß die Lösung des *blind trust* nicht anwendbar ist, weil sie nicht funktionieren kann. Endlich! Berlusconis Anhänger haben das – im Gegensatz zu den Linken – schon immer gewußt (deshalb hatten sie diese Lösung vorgeschlagen).

Wie sieht die Vorlage aus? Früher war Berlusconi bereit, sein Vermögen in einem gewissen Ausmaß überwachen zu lassen. Jetzt nicht mehr. Inzwischen ist er nur noch bereit, eine Kontrolle über die Regierungsgeschäfte zu gestatten. Also beschränkt Frattini sich darauf, die Einsetzung einer *Ad-hoc*-Behörde vorzuschlagen, deren Aufgabe es sein soll, über mögliche Fälle zu wachen, wo gesetzgeberische Maßnahmen durch einen Interessenkonflikt in Mißkredit geraten können. Das Ei des Kolumbus? Nein, die Posse des Jahrhunderts. Frattini möchte ein Netz auslegen, in dem bei Bedarf nur die kleinen Fische gefangen werden können, das sich aber die großen Fische (selbst wenn es sie fangen wollte) entgehen läßt.

Die neue, sogenannte »Garantiebehörde« wirkt ganz so wie ein Wachhund ohne Zähne, der nur bellen kann. Die Aufsichtsbehörde ist nämlich nicht einmal befugt, die verdächtigen Gesetzesinitiativen zu blockieren, und noch weniger darf sie Sanktionen verhängen. Wenn eine Gefährdung festgestellt oder auch vermutet wird, kann die Behörde die Präsidenten der beiden Parlamentskammern nur darauf »hinweisen«, worauf diese den Hinweis dann an das Parlament weitergeben. Es wäre mithin ein von einer kompakten Berlusconi-Mehrheit beherrschtes Parlament, das gegebenenfalls gegen Berlusconi stimmen müßte. Sind wir im Land der Träume? Im Land der Witze? Beides.

Im Einzelnen ist einzuwenden, daß Frattinis Aufsichtsbehörde erstens warten muß, bis jemand tätig wird, bevor sie einschreiten darf. Und bei Untätigkeit? Im Machtgeschäft sind die unterlassenen Handlungen meistens entscheidender und häufiger als das Handeln. Zweitens basiert die »eigennützige« Macht Berlusconis mittlerweile weitgehend auf Erträgen, die er seiner Stellung verdankt, und zwar vorwiegend auf der Werbegesellschaft Publitalia. Nehmen wir an, das RAI-Fernsehen würde privatisiert. Berlusconi könnte die Einnahmen seiner neuen privaten Konkurrenten mühelos steuern und austrocknen, da kein Werbevertrieb so dumm wäre, sich mit dem zu überwerfen, der die Schlüssel zur Macht in der Hand hat (also ein potentieller Verteiler von Gefälligkeiten oder Strafen ist), indem er die Aufträge, mit denen er vorher Berlusconis Publitalia bedacht hat, nun an andere vergibt. Frattinis Gesetz könnte nichts dagegen ausrichten.

Schließlich – und dies ist der dritte Einwand – sind die wichtigen Handlungen einer Regierung meistens gesetzgeberische Maßnahmen, Handlungen, die die Gestalt von Gesetzen annehmen. Und Gesetze sind bekanntlich *per definitionem* allgemeine Regeln. Sie gelten nicht nur für einen einzigen Menschen (es gibt zwar Fälle von »auf Einzelfälle bezogenen Auslegungsgesetzen«, doch sind sie stets getarnt), sondern immer für ganze Personengruppen oder -klassen. Frattini sollte erklären, wie seine »Garantiebehörde« einem nicht wohl gesonnenen Parlament (solange sein Chef Berlusconi heißt) beweisen können will, daß ein allgemeines Gesetz vor allem einem besonderen Interesse dient. Die Behinderungen der internationalen Rechtshilfeersuchen? Um Himmels willen, die sind doch gerechtfertigt durch die allgemeinen Regeln zur Verteidigung liberaler, rechtsstaatlicher Prinzipien, gewiß nicht durch das private Interesse von Berlusconi. Und so wird es jedes Mal gehen.

Nein, das können wir wirklich nicht hinnehmen. Hoffentlich läßt sich dieses Mal niemand von Frattinis Vorschlag einwickeln, »in Verhandlungen einzutreten«. Frattini könnte anbieten – warum auch nicht? – daß die Mitglieder der Aufsichtsbehörde nicht von den Vorsitzenden der beiden Parlamentskammern ernannt werden, die beide Ausdruck der Berlusconi-Mehrheit sind. Er könnte vorschlagen, der Behörde eine andere Form zu geben. Doch das alles sind Beilagen zu einem unverdaulichen Kern. Zu befürchten ist aber, daß Frattinis Vorschlag in seinem Grundgedanken nicht verändert werden kann, und daß er damit auch kein Gegenstand von Verhandlungen sein kann. Über ihn verhandeln, würde bedeuten, wieder mal in eine Falle zu tappen.

Momentan ist noch unklar, ob Berlusconi es vorziehen wird, die Sache zu beschleunigen oder Zeit zu gewinnen (siehe auch Seite 128/129). Eine dritte Möglichkeit wäre, daß er sogar gezwungen sein könnte, alles fallenzulassen. Doch in diesem Fall hängt der Ausgang des Spiels vom Staatspräsidenten ab, von Ciampi[7].

Man nimmt üblicherweise an, daß die Unterschrift des Staatsoberhauptes unter die Entscheidungen der Regierung einen »notwendigen Akt« darstellt. Manchmal ist es so, allerdings nicht immer. Im Artikel 87 der Verfassung heißt es: »Der Präsident der Republik ermächtigt dazu, den Kammern Gesetzesentwürfe vorzulegen, die auf die Initiative der Regierung zurückgehen«. Und nirgendwo steht geschrieben, daß diese Unterschrift notwendig sei. Der Artikel 74 der Verfassung dagegen sieht folgendes vor: »Bevor der Präsident der Republik das Gesetz verkündet, kann er mit einer begründeten Botschaft an die Kammern eine neuerliche Beschlußfassung verlangen. Wenn die Kammern das Gesetz erneut annehmen, muß es verkündet werden«. Hier ist die Verpflichtung zum Erlaß des Gesetzes ausdrücklich vorgesehen. Das ändert aber nichts daran, daß die Botschaft des Präsidenten an sich schon blockierende Gewalt haben kann.

Das Staatsoberhaupt verfügt also im Bedarfsfall über zwei Mittel, in den Prozeß der Legislative einzugreifen. Erstens kann er schon im Vorfeld die Vorlage eines Gesetzes nicht bewilligen. Zweitens kann er die Verkündigung eines Gesetzes mit einer Botschaft aufschieben.

Das erste Mittel ist äußerst einfach und überdies offiziell recht schmerzlos. Ciampi kann Berlusconi auf schnellem Wege, sogar nur mündlich, wissen lassen, daß er den Gesetzentwurf von Frattini ablehnen wird, wenn er ihm zur Bewilligung vorgelegt wird. Berlusconi könnte versuchen, das Hindernis zu umgehen. Doch wenn der Präsident hartnäckig bliebe, würde er gewinnen.

Das zweite Mittel, der Aufschub durch eine Botschaft an die Kammern, würde Berlusconi dagegen gestatten, seinen Willen durchzusetzen. Obwohl eine Botschaft des Staatsoberhauptes, die in allen Einzelheiten und *urbi et orbi* erläutert, warum Frattinis Lösung »nichts löst, sondern nur freispricht«, für Berlusconi einen verheerenden Schlag bedeuten würde. Vielleicht einen Schlag, den er lieber nicht riskieren sollte.

Das Problem Berlusconi ist mittlerweile auf internationaler Ebene ein Problem der Rechtsgültigkeit. Die öffentliche Meinung und die Medien der ganzen Welt beobachten ihn scharf, und betrachten die Unregelmäßigkeiten Berlusconis zunehmend als sehr verdächtige Unregelmäßigkeiten, die grundlegende demokratische Normen verletzen. Wer bei dieser Partie die Karten in der Hand hält, ist Ciampi. Wird er sie ausspielen? Die Entscheidung liegt allein bei ihm. Bis jetzt hat der Präsident, indem er Berlusconi schützte, versucht, die Ehre Italiens zu schützen. Doch wenn man im Quirinale über einen funktionierenden (internationalen) Pressedienst verfügt, dann müßte der Präsident wissen, daß das Spiel, bei dem die Ehre des Landes geschützt werden soll, indem man für Berlusconi bürgt, bereits verloren ist. Es ist falsch zu glauben, daß der Präsident – durch den Erlaß einer Legge Frattini – dem Ausland das Bild eines freigesprochenen, neu herausgeputzten, nunmehr makellosen Cavaliere verkaufen könnte.

In dieser Sache ist der Präsident »souverän«. Was ihn allerdings hochgradig verantwortlich macht. Es stimmt nicht, daß er, auch wenn er wollte, nichts tun könnte. Nein: Ciampi kann, wenn er will. Italien ist mittlerweile eine Demokratie auf der Kippe, sie ist (strukturell und damit in ihrem Kern) bedroht von Überschreitung und vom Mißbrauch der Macht. Denn die Regierung Berlusconi verletzt faktisch schon jetzt und wird dies in Zukunft sogar unter dem Schutz des Gesetzes (mit der Legge Frattini) tun, alle wesentlichen Prinzipien des Rechtsstaates: a) daß der Kontrollierte nicht der Kontrolleur sein darf; b) daß private Interessen nicht von Amtshandlungen geschützt werden dürfen; c) daß die Massenmedien, die die öffentliche Meinung prägen, angemessen pluralistisch organisiert sein müssen; d) daß der Markt nicht von geheimen Absprachen zwischen Politik und Geschäften beherrscht sein darf; e) daß jede Macht von anderen Gewalten, von Gegenmächten, eingeschränkt werden muß. Stellt die Verletzung all dieser Prinzipien etwa keinen »schwerwiegenden«, keinen ausreichend ernsten Grund dar, damit ein Staatsoberhaupt sein Recht und seine Pflicht wahrnimmt, einzuschreiten und sich zu distanzieren? Wenn Präsident Ciampi den leichten Weg des Gewährenlassens wählt – muß klar sein, daß auch dies eine Entscheidung ist: eine *Entscheidung, nichts zu tun*, für die er die ganze Verantwortung tragen müßte.

»Der einzig existierende Interessenkonflikt ist der der Linken mit der Wahrheit.« *Berlusconi, 15. Februar 2002*

Andrea Camilleri

Faust 2001

Eines Tages gelang es einem Herrn von vierzig Jahren, elegant, gewandt, gut gekleidet, mit sorgfältigst gekämmten Haaren, auf Hochglanz poliertem Gesicht, einem sündhaft teuren, fest in seine Klauen gekrallten Aktenkoffer, vom Cavaliere empfangen zu werden. Auf diesen machte der Besucher gleich einen hervorragenden Eindruck: auf den ersten Blick sah er nämlich aus wie der typische Manager der von ihm gegründeten Partei und konnte vielleicht für den bevorstehenden Wahlkampf ganz gut zu gebrauchen sein.

»Sie wünschen?«, fragte der Cavaliere.

»Ich? Gar nichts«, gab der Besucher zur Antwort. »Sie sind es, der etwas von mir will.«

Der Cavaliere war irritiert. Er hatte keinen Wunsch, denn er hatte schon alles.

»Das muß ein Mißverständnis sein«, sagte er schroff.

»Durchaus nicht, glauben Sie mir, kein Mißverständnis. Sie haben gestern Abend, genau um neunzehn Uhr dreizehn, als Sie in ihrem Badezimmer in den Spiegel schauten, gedacht: *Ich würde alles geben, wenn ich nur meine Haare wieder hätte.* Und da bin ich auch schon, zu Ihren Diensten.«

Ohne ihm Zeit zu lassen, öffnete der Besucher den Aktenkoffer, zog ein Dutzend Entwürfe hervor und legte sie auf den Schreibtisch: auf jedem dieser Entwürfe war der Kopf des Cavaliere von einer anderen, jedoch immer üppigen Haartracht bekrönt: mal gelockt, mal glatt, dann wieder wellig …

»Wählen Sie aus, welche Ihnen am besten gefällt. Den Vertrag habe ich schon bei mir. Sobald Sie unterschrieben haben, werden Sie auf Ihrem Kopf das gewünschte Modell finden. Und ich garantiere Ihnen außerdem, daß Sie bis zu Ihrem Tode nicht ein einziges Haar verlieren werden.«

»Für welche Firma arbeiten Sie?«, fragte der Cavaliere.

»Ausschließlich für mich selbst. Haben Sie denn noch nicht verstanden, wer ich bin?«

Er sagte dies in einer Weise, daß der Cavaliere verstand. Der Besucher war der Teufel höchst persönlich. Daher war alles, was er sagte, wahr. Man brauchte nur noch den Vertrag zu besiegeln, und schon hätte der Cavaliere seine Haare wiedergehabt.

»Mithin wollen Sie, wie es die Tradition verlangt, als Gegenleistung meine Seele«, sagte der Cavaliere langsam.

Der Besucher sah ihn leicht erstaunt an, sagte aber kein Wort.

Der Cavaliere seufzte, dachte noch einen Augenblick darüber nach, dann streckte er die Hand aus.

»Also gut, unterschreiben wir diesen Vertrag«, sagte er.

Da lachte der Besucher höhnisch.

»Ihre Seele? Sie wollen mir als Gegenleistung Ihre Seele geben? Ja, wissen Sie denn nicht, daß wir schon lange keine Seelen mehr akzeptieren? Das war ein Handel, der meinem Großvater noch gefiel, der immer Verluste machte, der Arme, und er gefiel noch mehr den Dichtern, die das Ganze phantasiereich ausgestalteten.«

»Was wollen Sie dann als Gegenleistung?«

»Fünfundachtzig Prozent Ihres gesamten Besitzes, der Fernsehstationen, Unternehmen, Zeitungen, Gesellschaften, Villen, alles. Unsere Forderung ist durchaus nicht unverschämt. Denken Sie nur an die Wirkung, die von Ihren Wahlplakaten ausgeht, denn Sie werden die Wahlen mit Sicherheit gewinnen.«

»Wenn das so ist, dann lasse ich doch lieber die Fotos retouchieren«, sagte der Cavaliere und verabschiedete ihn.

»Durch mein politisches Engagement hat sich mein Gehirn so stark vergrößert, daß kein Platz mehr für meine Haare blieb.« *Berlusconi, 19. April 2002*

Gianni Celati

Forza Italia – Vorwärts Italien

Gianni Celati (geboren 1937 in Sondrio) lebt heute in London und Bologna, wo er anglo-amerikanische Literatur lehrt. Er übersetzte unter anderem Swift, Twain und Barthes ins Italienische. Zuletzt erschienen von ihm »Erzähler der Ebenen« und »Cinema Naturale«.

»Forza Italia« appelliert an einen Impuls. Es handelt sich um den Impuls der Fußballfans, die andere Fans mit Gebrüll zum Schweigen bringen oder sie mit Ellbogengewalt auf die Seite drängen. Diesen Impuls könnte man als Stammesimpuls bezeichnen, denn es ist, als würden sich die Fans einer Mannschaft als Stamm sehen, der mit anderen Stämmen, seinen Rivalen, auf Kriegsfuß steht.

»Forza Italia« appelliert insgeheim auch an ein anderes Stammesgesetz. Es ist, als müßten wir uns alle vereint fühlen als Fans der italienischen Mannschaft und müßten somit Italien als einen Stamm betrachten, der mit den anderen Stämmen, seinen Rivalen, auf Kriegsfuß steht.

»Forza Italia« appelliert aber insgeheim auch an das Gegenteil. Daran, daß die Fans keinen Stamm bilden, sondern vielmehr die Verneinung einer Gemeinschaft sind. Denn Sportfanatismus bedeutet Begeisterung für den Wettkampf mit den anderen, für den Kampf, sich durchzusetzen, wobei jeder sein eigenes Interesse für wichtiger erachtet als das der Gemeinschaft.

»Forza Italia« appelliert schließlich insgeheim an etwas Männliches. Daran, daß alle Impulse der Fans nichts sind als eine Zurschaustellung von Männern, die sich begeistert als Gockel in einem etwas anderen Hühnerhof aufspielen. Und in dieser Begeisterung liegt etwas so Zwanghaftes und Mechanisches wie in den Reaktionen eines Hundes, der die anderen Hunde anbellt.

»Forza Italia« appelliert ohne jeden Zweifel an Hunde, die auf diese Weise die anderen Hunde anbellen. Es ist traurig, wenn man das sagen muß, aber Hunde, die so bellen, möchten unbedingt einen Herrn haben, der sie hinter einen Zaun sperrt, damit sie seine Besitztümer verteidigen.

»Daß ein mafiöser Wind bläst, wäre mir nicht aufgefallen ... Sei es wegen des Fernsehens, sei es wegen des Milan. Die Stadt hat mich wirklich adoptiert, auf der Straße, in den Geschäften, im Fußballstadion grüßen mich die Leute, sie lächeln mir zu, sie gratulieren mir und klatschen Beifall.«

Berlusconi, vor der Wahl im Mai 2001

Paolo Flores d'Arcais

Die liberale Revolution von Mani Pulite

Paolo Flores d'Arcais (geboren 1944) ist Autor, Philosoph und Herausgeber von »MicroMega«, der einflußreichsten politischen Zeitschrift Italiens. Als letztes unabhängiges Publikationsorgan hat sich die Auflage der Zeitschrift inzwischen mehr als verdoppelt. Von Flores d'Arcais erschienen zuletzt »Erziehung und Menschenrechte« und »Die Linke und das Individuum. Ein politisches Pamphlet«.

1.

Auf den ersten Blick scheint alles ganz einfach: Mani Pulite ist besiegt worden. Zehn Jahre nach dem Beginn jener staatsanwaltschaftlichen Ermittlungen feiert der Hauptangeklagte, Bettino Craxi, einen postumen Triumph in seiner unverschämtesten Form: in der Gestalt von Silvio Berlusconi. Das, wovon Craxi nur träumen konnte, ist Realität geworden: die von Mani Pulite angeklagten Politiker sind unangefochtener denn je an der Regierung und beherrschen die Fernsehkanäle voll und ganz. Die fantastischen Anklagen, die Craxi nur um den Preis, mit Kleingeld beworfen zu werden, gegen die Ermittler schleudern konnte*, wurden zur unanständigen «Normalität«.

Das Ganze ging so weit, daß man eine parlamentarische Untersuchung von Tangentopoli forderte, was nichts anderes bedeutet, als eine Untersuchung gegen Mani Pulite (also zur Verteidigung von Tangentopoli!) Dies *quid pro quo* enthüllt die Absicht des straflos gebliebenen Craxismus: sich bei denen zu revanchieren, die die Verwegenheit besaßen, Illegalität Illegalität zu nennen und das für »alle gleiche Gesetz« durchsetzen zu wollen. Bis zu dem Punkt, den Respekt der Mailänder Anklagebehörden gegenüber dem Verfassungs-

* Als Craxi nach einer Vernehmung den Mailänder Justizpalast verließ, wurde er von einer großen Menschenmenge mit Münzen und 1000-Lire-Scheinen beworfen.

gebot der obligatorischen Ermittlung als »Bürgerkrieg« zu bezeichnen (ein mit lebenslanger Haft bestraftes Delikt!).

Im Programm und den nach und nach ohne jede Zurückhaltung in Kraft gesetzten Maßnahmen der Regierung Berlusconi zeigt sich deutlich der Wille, jene Gegenreformen in der öffentlichen Ordnung (selbst der in der Verfassung verankerten) durchzusetzen, die Licio Gelli* in seinem berüchtigten »Plan der Wiedergeburt« schwarz auf weiß niedergelegt hatte. Die Presse, die noch etwas auf sich hielt, hatte ihn damals völlig zu recht eines Putschversuchs beschuldigt.

Der Katalog dieser hastigen Gegenreformen ist bekannt:

a) der Regierungsmehrheit soll die Auswahl jener Delikte übertragen werden, die an erster Stelle zu verfolgen sind;
b) Ermittlungen sollen dem Willen der Exekutive unterstellt werden, indem man die Justizpolizei der Kontrolle der Staatsanwaltschaften entzieht und diese der politischen Macht durch eine Art Zwischenschritt ausgeliefert werden: der Trennung der Laufbahnen von Richtern und Staatsanwälten;
c) die Kontrolle der Verfassungsmäßigkeit soll durch eine Korrektur des Wahlmodus für den CSM** und das Verfas-

* Licio Gelli, geboren 1919, Faschist bis zur letzten Stunde, danach kurzzeitig Flucht nach Argentinien, nach seiner Rückkehr Schwarzhändler, später Fabrikant. Durch maßgebliche Exponenten der Christdemokraten gefördert. Seit 1963 Freimaurer. Gründet seine eigene Geheimloge P2 (circa 2400 Mitglieder), der zahlreiche Politiker, Militärs, Geheimdienstleute, Journalisten und Unternehmer angehören, darunter auch Silvio Berlusconi. Bereitet einen antikommunistischen Militärputsch vor, flieht nach Beginn der Ermittlungen gegen ihn wieder ins Ausland. Haft in der Schweiz. Nach Auslieferung vor Gericht gestellt. Lebt heute als geachteter Privatmann in der Toskana (siehe Alessandro Silj: *Verbrechen, Politik, Demokratie in Italien*, Frankfurt/Main 1998).

** CSM: Consiglio Superiore della Magistratura. Selbstverwaltungsorgan der Juristen im Staatsdienst, die Mehrheit seiner Mitglieder wird durch Wahlen unter den Juristen selbst bestimmt. Die Mitglieder des Verfassungsgerichts werden vom Parlament mit Dreifünftelmehrheit gewählt.

sungsgericht ausgehebelt werden. Beide will man, unter dem Vorwand eines regionalen »Föderalismus«, um von den Parteien nominierte Mitglieder erweitern. Die Aufzählung ließe sich leider mühelos verlängern.

Fügen wir, was andere politische Wünsche betrifft, die Craxi nicht realisieren konnte und die Berlusconi rasch erfüllt hat (auch dank einer linken Mitte, die halb Zombie, halb Komplize spielte) noch einen hinzu: das Ende der Ausgrenzung der extremen Rechten, noch *bevor* diese sich von ihrer faschistischen Vergangenheit lossagte und ohne daß sie quasi als Preis jenen »schwarzen« Terror verurteilt hätte, an dem nicht wenige Anhänger der *fiamma tricolore* beteiligt waren*. Und all dies, während die europäische Rechte sich in genau die entgegengesetzten Richtung bewegte (und bewegt), den »Fall Haider« auf die Tagesordnung setzte und den Antifaschismus (nicht den Antikommunismus!) als *Grundnorm* (im Original deutsch A.d.Ü.) des gesamten bürgerlichen Lebens und unverzichtbares Fundament des politischen Wettbewerbs proklamierte (man denke nur an Chirac).

2.

Aber was war Mani Pulite? Die Anwendung des »gleichen Rechts für alle«. Das gleiche Maß von Garantien (*garantismo*) oder Strenge für den Handtaschendieb wie den Börsenräuber, für den kleinen Hehler wie den großen Drahtzieher in Sachen Korruption, für den normalen Delinquenten wie den Politiker, der das Gesetz verletzt und für den Rechtsbruch nicht nur Straflosigkeit erwartet, sondern Hochachtung.

Also eine wirkliche »Revolution«, zivil und Frieden stiftend, die »Revolution« der Legalität. Etwas, was sich in einer Demokratie von selbst verstehen müsste. Doch eine absolut notwendige Revolution in einem Land wie Italien, für das die

* *fiamma tricolore* (Dreifarbige Flamme) war das Symbol des neofaschistischen »Movimento Sociale Italiano« (MSI), aus dem die »Alleanza nazionale« (AN) hervorging, heute Regierungspartei.

Soziologie einen Begriff geprägt hat, mit dem sich der chronische, alles durchdringende Mangel an Staatsverständnis (also der Legalität) charakterisieren läßt: den *familismo amorale,* die amoralischen Familienbande. Er verbindet Untertanen und Mächtige und garantiert diesen die servile Zustimmung jener: Der Verwandte, der Freund, der Freund des Freundes sind durch ein Netz gegenseitiger Gefälligkeiten miteinander verknüpft und bilden ein als völlig asymmetrisches Surrogat des für alle gleichen Rechts.

Zwei Kategorien von Bürgern also, zwei einander entgegengesetzte juridische Ordnungen (wenn schon in der Theorie für beide dieselben Gesetzbücher gelten): eine für die »normalen Leute« und eine für die »Mächtigen« jeder Couleur. Eine bis zur Gnadenlosigkeit angewandte Justiz gegenüber diesen (*summum ius, summa iniuria*) und ihre beinah heitere und blinde Vernachlässigung (denn nur so ist die Darstellung Justitias hier zu verstehen) gegenüber jenen.

3.

Wir haben es mit einem alten Laster zu tun, einer offensichtlichen historischen Rückständigkeit, einem Defizit an Bürgersinn, das die Geschehnisse in unserem Land seit dessen Vereinigung prägte. Es veranlaßte den Liberalen Piero Gobetti (vor etwa achtzig Jahren!)* zu folgender Beschreibung: »Italien, immer noch zurückgeblieben und ohne jeden Sinn für die grundlegenden Freiheiten, ein unzivilisiertes Land mit afrikanischen Bräuchen, in dem die Regierenden, sobald sie sich sicher fühlen, dazu neigen, sich als Unterdrücker aufzuführen und ihre Untertanen als wilde Hungerleider zu behandeln«. Ein Italien »desolat und infantil«, in dem »eine paternalistische, Privilegien austeilende Monarchie als Ideal« gilt. Unserem Bürgertum fehlt es »an einem nüchternen Sinn für

* Piero Gobetti (1902–1926), gründete 1922 die Zeitschrift »Rivoluzione liberale«, wurde von den Faschisten 1926 ins Pariser Exil vertrieben, wo er kurz darauf starb.

Würde, einem strengen Bewußtsein für die Ehrfurcht vor dem Gesetz und den Freiheiten«. Unser Liberalismus ist »dank des dilettantischen und parasitären Stils der italienischen Industrie« mangelhaft, dem Land fehle seit je eine konservative Partei, die in der Lage sei »eine Modernisierung herbeizuführen, die – wenn schon indirekt – dadurch im liberalen Sinne wirkt, daß sie den Respekt vor der Würde des Rechts betont«. Der wahre »Liberalismus hat ein Konzept von Politik erarbeitet, das von der Uneigennützigkeit der Regierenden« ausgeht, während leider »eine apolitische, unreife Politik, höfisches Verhalten und Parasitentum die unveränderlichen Kennzeichen der besitzenden Klassen sind, die das moderne Leben nur in den albernsten Formen eines sportlichen Amerikanismus kennengelernt haben.« Den bürgerlichen Klassen »gebricht es am kapitalistischen und liberalen Denken, sie sehen immer noch in der Figur des Bürgers den, der sich eine Position verschafft hat, den Selbstzufriedenen aus der führenden Schicht. Ergo gibt es eigentlich kein Bürgertum, sondern nur den Geist der Verbürgerlichung.« Das bürgerliche Denken aber – so Gobetti – müsse, streng genommen, ein häretisches sein.

Mani Pulite ist demzufolge die so ungewöhnliche wie unerwartete Gelegenheit, das historische Defizit ziviler Rückständigkeit in einem Land zu beheben, das weder eine Reformation noch eine bürgerliche Revolution erlebt hat. Das aber, durch eine gemeinsame Anstrengung, die Grundnorm ernst genommener Legalität an die Stelle einer Anthropologie der Familienbande setzen könnte.

4.

Als Mani Pulite das politische System Italiens erschütterte, trug die Rückständigkeit das Antlitz der Partitokratie. In dieser spezifischen Degenerationsform der Demokratie entwikkeln sich in der öffentlichen Sphäre die Privilegien und die straflose Illegalität der Mächtigen im Schatten des Monopols der Berufspolitiker. Diese Sphäre wird faktisch den Wahlbürgern aus der Hand genommen, da sie nur zwischen einander immer ähnlicher werdenden Kandidaten auswählen können, die eine Clique bilden anstatt wirklich Konkurrenten zu sein. Neue Kräfte, die sich in der zivilen Gesellschaft herausbilden, haben keinerlei Chance, ins Spiel zu kommen, es sei denn in Krisenfällen.

Der Streit um die Justiz bestimmt daher seit dem Craxismus die italienische Politik und ist noch keineswegs zu Ende. Er hat im Grunde sogar die historische Epoche vom Risorgimento bis heute geprägt und zeigte sich im ständigen Konflikt zwischen Hoffnungen und Versprechen (Modernität und liberale Demokratie) auf der einen Seite und dem mehr oder weniger gewalttätigen Verrat daran auf der anderen. (»Das Problem besteht darin, für ein Italien zu arbeiten, das den Faschismus und alle paternalistischen Systeme von Grund aus ablehnt«, und sich dennoch bewußt zu sein, »im Faschismus die kompromittierenden und in der italienischen Mentalität verbreiteten Laster liquidieren zu müssen«. So wiederum Gobetti.)

Aus diesem Grund wird vom Ausgang des Streits, der vor zehn Jahren begonnen hat, nicht bloß das Schicksal der gegenwärtigen Regierung abhängen, sondern darüber hinaus die Stellung Italiens in den internationalen Bündnissen (liberaldemokratisch oder peronistisch-populistisch) und schließlich das im Volk vorherrschende *Ethos*, seine nationale Identität. Für Italien steht Entscheidendes auf dem Spiel, nämlich ob es gelingt, die gesellschaftliche Rückständigkeit, die auf versäumte Reformation und/oder bürgerliche Revolution zurückgeht, zu überwinden, oder ob das Land unglücklicherweise noch einmal die Avantgarde des Rückschritts und der Auflösung der Demokratie bilden wird, wenn auch in neuen (hoffentlich weniger blutigen, aber deshalb nicht weniger zerstörerischen) Formen.

5.

Mani Pulite sei besiegt worden, haben wir gesagt. Aber ist dieser Sieg vollständig? Der Sieg Berlusconis über die Legalität und die Autonomie der Justiz ist so lange ein Nullsummenspiel, wie es ihm nicht gelingt, es bis zur letzten Konsequenz voranzutreiben. Er ist gezwungen, jede liberale *balance of power* abzuschaffen und zugleich das Nebeneinander zwei sich widersprechender Ordnungen durchzusetzen: für Normalbürger und ihre Delikte die »Null-Toleranz«, für die Mächtigen und andere weiße Kragen die absolute Straflosigkeit. Ein wahrhaftes Mittelalter des Rechts. Schlimmer noch: mit den bereits in Kraft getretenen Gesetzen (Straffreiheit für Bilanzfälscher) und den noch anstehenden, bewegt sich Berlusconi auf eine Ablehnung der Marktgesetze zu, die nur dann verläßlich sind, wenn gilt: *pacta sunt servanda* – anderenfalls herrscht die Piraterie.

Um wirklich zu siegen, kann Berlusconi nicht innehalten. So lange nicht jeder Widerstand der Justiz gebrochen ist, sie nicht darauf verzichtet, die autonome Kontrolle der Legalität zu gewährleisten, und dieser Verzicht nicht nur faktisch, sondern durch die Verfassung selbst sanktioniert wird, kann Mani Pulite in jedem Augenblick wieder als Phönix aus der Asche des verbrieften bürgerlichen Rechts steigen. Für Berlusconi ist es entscheidend, daß die Macht der Regierung *alles* ist. Darum kann er weder eine autonome Justiz dulden, noch einen autonomen Journalismus, also die dritte und vierte Gewalt als Kontrollinstanzen.

Er hat keine Wahl, ihn treibt sein Überlebensinstinkt, seine zweite Natur. Er meint (vielleicht guten Glaubens, was die Sache nur schlimmer macht) daß ihm – dank der Zustimmung an der Wahlurne – alles erlaubt sei, natürlich zum Besten des Volkes. Jede kritische Stimme klingt für ihn wie Majestätsbeleidigung, er ist von der Herrschaft über die veröffentlichte Meinung so besessen, daß er fortfährt, sich über die Macht der »Kommunisten« in den Redaktionen aufzuregen – trotz der Monopolstellung seiner Medien, wie sie in diesem Ausmaß im Westen bisher nicht vorstellbar war. Wenn er aber ein fast »sowjetisches« Monopol immer noch als Einschränkung seiner Macht betrachtet, dann haben wir es mit Paranoia zu tun, die sich in der Form einer unabweisbaren Berufung, eines inneren Zwangs und totalitärer Inkontinenz Luft verschafft.

Darum erlebt Berlusconi den Anspruch der Justiz, ihn wie einen gewöhnlichen Bürger und nicht als »Gesalbten des Herrn«* zu behandeln, als eine Art von Bürgerkrieg. Darum läßt er von seinen Getreuen ausstreuen, daß er angesichts drohender neuer Verurteilungen das Gottesgericht von Neuwahlen anrufen müsse, damit die ihn verfolgenden Richter vom »ganzen Land« (der *audience*, einer gigantischen Volks-Jury), in einem definitiven Gottesurteil bestraft würden. Ein Requiem für den Liberalismus und für jeden Montesquieu, Locke, Tocqueville.

6.

Kann er sich so weit vorwagen? Kann er wirklich, wie es in seiner Logik liegt, Errungenschaften nicht nur der Demokratie, sondern der ganzen Moderne zur Disposition stellen? Er kann es, wenn auch zu einem hohen, nicht wägbaren Preis. Denn der juristische »Rassismus« (Straflosigkeit für die weißen Kragen, Null-Toleranz für die kleinen Gauner) kann sehr wohl für einige Zeit, in gewissen Grenzen, und dank eines propagandistischen Trommelfeuers, zum »Volksempfinden« werden, dem der Taschenraub auf der Straße schlimmer vorkommt, als der lautlose Diebstahl in Form von Schmiergeldern und gefälschten Bilanzen. Doch die Zustimmung kommt schlußendlich von einer Mehrheit, die nicht einmal wenn sie es wollte, die Möglichkeit hätte, falsche Rechnungen auszustellen und Steuern zu hinterziehen. Und eines schönen Tages könnte sie aufbegehren wie vor zehn Jahren, als Antonio Di Pietro für über neunzig Prozent der Italiener zum Idol wurde.

Das Spiel ist noch nicht zu Ende, gerade weil Berlusconi, um zu gewinnen, zuviel, ja *alles* gewinnen, jede autonome

* »Unto del Signore« hat sich Berlusconi selbst einmal genannt, seine Anhänger tragen den Namen weiter.

Kontrolle seines Handels auf Null bringen und vernichten müßte. Verlöre er, so verlöre er auch alles (da es für ihn bedeuten würde, genauso behandelt zu werden wie jeder andere Angeklagte.)

Berlusconi versucht aus dieser Sackgasse zu entkommen, indem er Mani Pulite beschuldigt, ein politisches Komplott zugunsten der »Kommunisten« gewesen zu sein (und noch immer zu sein.) Sehen wir uns diese Hypothese mit dem gebührenden Ernst an.

7.

Wir beginnen mit den entsprechenden Statistiken. Gegen die gesamten Mailänder Führungskader von PCI/PDS wurde ermittelt (die Parteisekretärin Babara Pollastrini verhaftet), eine Schmiergeldzahlung von einer Milliarde Lire aufgedeckt und bis vor die Tür der Botteghe Oscure* verfolgt; daß es zu keiner Anklage der Parteispitze kam, hing gewiß nicht nur damit zusammen, daß Gardini** nicht bereit war, Namen zu nennen, nicht nur damit, daß Di Pietro es versäumt hätte, insistierende Fragen zu stellen (er beantragte die Ladung der Parteiführer Occhetto und D'Alema, die das Gericht nicht für notwendig erachtete), auch nicht damit, daß der Schatzmeister Stefanini als indirektes Todesopfer der Untersuchung gelten muß und Primo Greganti*** besonders lange in Untersuchungshaft saß.

Und die Tatsache, daß es dann häufig zu keinen Verurteilungen kam, spricht gerade dafür, daß die Untersuchungen von Mani Pulite gegen die Kommunisten besonders streng und ernsthaft durchgeführt wurden, im Endeffekt also viel

* Botteghe oscure, Straße in Rom, wo sich lange Zeit die Parteizentrale des PCI befand.

** Raul Gardini, Konzernchef von Feruzzi, beging 1993 Selbstmord, als seine Verhaftung drohte.

*** Primo Greganti, Mitglied des PCI in Mailand, weigerte sich »zu kooperieren«.

eher »Verfolgungscharakter« besaßen als die Ermittlungen gegen Craxis Sozialisten und Christdemokraten, die fast stets mit einer Verurteilung endeten!

Aber dieselben Richter, die man zu Modellen einer »gerechten« Justiz machte, als sie Berlusconi und seine Freunde freisprachen, müssen dann umso tiefer in ein Komplott verwickelt gewesen sein, als sie Beweisanträge von Mani Pulite gegen Exponenten des PCI/PDS nicht substantiell genug fanden. (Ein Komplott jener von Borrelli* geführten Staatsanwaltschaft, deren Anklagen zurückgewiesen wurden!) Das ist reines Delirium, wenn es noch so etwas wie Logik gibt. Man sollte auch die jahrelangen Ermittlungen eines Nordio** gegen D'Alema und die Führung des PCI nicht vergessen. Er kam auf keinen grünen Zweig. Unfähigkeit, Teilnahme am Komplott, oder einfach objektiver Mangel an Indizien? Doch Nordio ist, um es auf berlusconianisch zu sagen, ein Ehrenmann, dem die gegenwärtige Regierung die Reform des Strafgesetzes anvertraut hat und den sie als musterhaft hinstellt.

Man kann sagen, was man will, etwa: daß die Kommunisten sich geschickter bereicherten oder weniger nahmen, weil sie sich das mit der UdSSR und ihren Rubeln im Hintergrund leisten konnten (was unter eine Amnestie fiel, die vor allem die Sozialisten und Christdemokraten wollten, die aber auch Berlusconi wegen eines schon rechtskräftigen Urteils zugute kam; ohne diese Amnestie hätte er niemals »ins Feld ziehen« können). Man kann dies alles, was sich ergänzt oder im Widerspruch zueinander steht, aufzählen, und so ist es auch geschehen. Vollständig sicher und durch Fakten belegt ist jedoch, daß sich nicht eine Episode bei Mani Pulite nachweisen läßt, die dafür spräche, daß die Mailänder Staatsan-

* Francesco Saverio Borrelli, zuerst Oberstaatsanwalt, dann Generalstaatsanwalt in Mailand, in seiner Behörde wurde der Pool Mani Pulite gebildet. Bei seiner Verabschiedung in den Ruhestand, 2002, rief er seinen Mitarbeitern zu: »Resistere, resistere, resistere!« (»Widerstehen, widerstehen, widerstehen!«).

** Carlo Nordio, Staatsanwalt in Venedig.

waltschaft sich anders als unparteiisch gegenüber allen politischen Kräften verhalten hätte, die im Verlauf der Untersuchungen ins Blickfeld der Ermittlungen gerieten.

»Diese Regierung tritt für eine Moralisierung des öffentlichen Lebens an, die von tüchtigen Staatsanwälten unternommen wird. Wir lehnen es ab, das Handtuch zu werfen. Von dieser Regierung wird die Unabhängigkeit der Untersuchungsbehörden niemals in Frage gestellt werden.« So Berlusconi in seiner Regierungserklärung vor dem Senat nach seiner Amtsübernahme am 16. April 1994. Heute riskieren diese unparteiischen und »tüchtigen« Juristen das Gefängnis. Das ist weder ein Euphemismus noch eine Metapher, es ist buchstäblich gemeint. Der Abgeordnete, Rechtsanwalt und zeitweilige Staatssekretär der zweiten Regierung Berlusconi, Taormina, ein mächtiger Mann in dessen Reihen und ein Bauchredner der tiefsten Sehnsüchte des Regimes, hat genau das gefordert, weil diese Staatsanwälte fortfahren, ihre Pflicht ohne Ansehen der Person zu tun.

Was die Anschuldigung gegen Mani Pulite, sie habe die »Kommunisten gerettet«, wert ist, haben wir dargelegt. Aber es habe sich gleichwohl um »politisierte« Untersuchungen gehandelt, bekräftigen Berlusconis *cheerleader*, man habe Handschellen benutzt, um Aussagen zu erpressen, es gäbe einen Verfolgungswillen der »Klasse« der »roten Togen« gegen Politiker, Unternehmer und weiße Kragen, in einem Wahn von Eigenmächtigkeit hätten sie die Grenzen zur Politik überschritten und das Prinzip der Volkssouveränität verletzt. Warum nur 1992 und nicht in den Jahren und Jahrzehnten davor?

8.

Beschäftigen wir uns mit dieser Frage, die als Nagelprobe gelten kann und die sich als Bumerang erweist.

Mani Pulite als Absicht von Staatsanwälten, das Korruptionsgeflecht von Politik und Geschäft aufzudecken, hat vor mindestens dreißig Jahren begonnen. Schon 1971 klagte ein junger Prätor in Turin, Raffaele Guariniello, die Firma Fiat an, weil sie Beamte der Quästur, der Präfektur, des Geheimdienstes Sid, Carabinieri und Armeeangehörige bezahlt hatte, um an vertrauliche Informationen über ihre Angestellten zu kommen (deren Herausgabe an den Arbeitgeber das »Arbeitsstatut« verbietet.) 1973 beschuldigten die Genueser Prätoren Almerighi, Sansa und Brusco den Industrieminister und seine vier Vorgänger (darunter Andreotti) wegen schwindelerregender Schmiergeldsummen, die große Ölfirmen für Aufträge und Gesetze »nach Maß« gezahlt hatten. 1975 war das Jahr des Lockheed-Skandals. Im Herbst 1980 ließen Untersuchungsrichter aus Turin und Treviso die Spitzen der Finanzpolizei wegen eines gigantischen Ölschmuggels verhaften, darin waren Exponenten der DC, des PSI und PSDI (15) verwickelt. Im Verlauf der Untersuchung des Mordes an dem Juristen Ambrosoli und der getürkten Entführung des Mafia-Bankiers Sindona ordneten die Untersuchungsrichter Giuliano Turone und Gherardo Colombo sowie der Staatsanwalt Guido Viola eine Durchsuchung der Villa von Licio Gelli an und entdeckten die Liste der Mitglieder von P2. Turone und Colombo fanden auch Belege über das milliardenschwere Konto »Protezione« in einen an Claudio Martelli* gerichteten Briefumschlag. 1984 war es wieder Gherardo Colombo, der wegen eines Schwarzgeldfonds von 300 Milliarden Lire bei der staatlichen IRI weiter ermittelte (obwohl sein Chef Gresti für Einstellung plädierte), im Verlauf der Untersuchungen tauchten die Namen von Petrilli, Mach von Palmenstein, Gianni Letta und Ettore Bernabei auf, gegen den Colombo einen Haftbefehl erwirkte.** Das Opus Dei war übrigens auch dabei. Man könnte beliebig fortfahren.

* Claudio Martelli, Abgeordneter und zeitweise stellvertretender Vorsitzender des PSI und Justizminister.

** Riccardo Petrilli, Unternehmer; Ferdinando Mach di Palmenstein, Bankier; Ettore Bernabei, fast 30 Jahre lang Präsident der staatlichen Rundfunk- und Fernsehanstalt RAI; Gianni Letta, enger Mitarbeiter Berlusconis zuerst in dessen Firma Fininvest (Mediaset), dann in einflußreichen Regierungsämtern.

In all diesen Fällen war es die politische Macht, waren es *ihre* »politisierten« Strafbehörden, die eingriffen, die Verfahren an sich zogen, um sie zu blockieren, einzubuddeln, falsche Fährten zu legen. Fast immer erfolgreich. Mittels verabredeter Vorgehensweisen: man benutzte die hierarchischen Strukturen in den Behörden, intervenierte beim Kassationsgericht, ordnete Disziplinarverfahren an und verwies Fälle an wohlwollendere »Nebelhäfen«, unter denen die Staatsanwaltschaft von Rom sprichwörtlich wurde, wo nie ein Beamter ernannt wurde, der Andreotti nicht gefiel.

9.

Was die »roten Togen« betrifft, wenn man denn mit diesem Ausdruck nicht jeden bezeichnen will, der es wagt, gegen Berlusconi und seine Freunde zu ermitteln (aber das wäre für jemanden, der etwas von Logik hält, eine peinliche Tautologie), so unterscheiden sich die Staatsanwälte des Pools in Mailand (wie die von Palermo, oder von Turin, die die Verurteilung von Fiat erstritten) in ihren politischen Meinungen grundlegend. Piercamillo Davigo ist ein wichtiger Exponent der am weitesten »rechts« stehenden Strömung innerhalb der staatlichen Justiz, und Antonio Di Pietro (noch »konservativer«) ist gegen einen geplanten Streik der Richter und Staatsanwälte, den alle »Strömungen« gemeinsam beschlossen haben. (Und ist das Adjektiv »rot« wirklich einem Paolo Borsellino* anzuhängen, der einige neofaschistische Sympathien hegte?)

Wenn also Juristen mit den unterschiedlichsten politischen Präferenzen sich in ihrer Arbeit absolut einig sind, so heißt das doch nichts anderes, als daß in der Untersuchung und Verfolgung von Straftaten die differierenden politischen Überzeugungen (ihre und die der jeweiligen Angeklagten) keine Rolle spielen. Genau dies ist der Beweis ihrer Objekti-

* Paolo Borsellino, Staatsanwalt in Palermo, 1992 von der Mafia ermordet.

vität, die man im übrigen von jedem juristischen Amtsträger fordern muß, der den Namen verdient.

10.

Was die *manette facili** betrifft, so sprechen auch hier die Statistiken eine klare Sprache: die längste Haft während der Ermittlungen gegen einen in die Affairen Verwickelten, eines gewissen Saverio Damiani, dauerte 195 Tage. Jahrelange Untersuchungshaft ist jedoch für »normale« Delikte fast die Regel. Zwischen 1989 und 1995 wurde einer von fünf Angeklagten (das sind 20 Prozent) dem Gericht aus der Haft vorgeführt. Bei den Tangentopoli-Verfahren ist der Prozentsatz hingegen minimal, um die wenigen Ausnahmefälle aufzuzählen, genügen die Finger einer Hand. Zwischen 1992 und 1998 wurde von Mani Pulite gegen etwa 5000 Verdächtige ermittelt. Von diesen sind weniger als 900 im Gefängnis gelandet (in aller Regel nur für wenige Tage), also im Mittel ein Arrest alle drei Tage. In diesen drei Tagen wurden für andere Delikte 150 Personen verhaftet. 1:150, das ist das Verhältnis zwischen weißen Kragen und gewöhnlichen Gaunern.

Hinzu kommt, daß es nicht die Staatsanwälte sind, die einen Haftbefehl erlassen können, sie beantragen ihn nur, es ist am Untersuchungsrichter, ihn auszufertigen, und dagegen kann Einspruch beim Prüfungsgericht eingelegt werden (drei Richter) und schließlich bei der Kassation (fünf Richter). Jeder einzelne Antrag auf Untersuchungshaft muss also die Hürde von zehn Juristen überwinden, die demzufolge, unterstellt man ein Komplott der *manette facili*, einig sein müßten – und das in jedem einzeln Fall.

Wenn Mani Pulite im Unterschied zu den zwanzig vorhergehenden Jahren vom 17. Februar 1992 an erfolgreich war, so

* *manette facili*, wörtlich übersetzt: »Leichte Handschellen«, bezieht sich auf den Vorwurf, die Mailänder Staatsanwälten seien bei Verhaftungen, die in Italien grundsätzlich in Handschellen vorgenommen werden, leichtfertig vorgegangen.

deshalb, weil eine diskreditierte politische Klasse nicht mehr in der Lage war, die Autonomie der Staatsanwälte aufzuhalten und zunichte zu machen, eine Autonomie, die laut Verfassung im Nachkriegsitalien hätte »normal« sein müssen, die es aber nur in Ausnahmefällen war, dank des Einflusses und der Übermacht der Regierungsparteien und dank der Erbötigkeit und Trägheit allzu vieler Richter und Ankläger.

11.

Mani Pulite war also die in die Tat umgesetzte *Normalität*, herbeigeführt durch unparteiische Untersuchungsbehörden, die die Wertvorstellungen der Verfassung ernst nahmen: gegen die »Politisierung« durch »Nebelhäfen« und andere Formen der Omertà*. Sie war erfolgreich, weil sie auf ein im Volk verbreitetes apolitisches Bedürfnis stieß, einen Überdruß bis hin zum Ekel gegen die Herrschaft der Parteien, der jeden Versuch (vor allem von Craxi) unwirksam machte, die alten Maschinerien in Gang zu setzen, um sich die Straflosigkeit zu erhalten.

Dieses apolitische Bedürfnis war natürlich zweideutig: es konnte sich in die Richtung einer immer lauter werdende Forderung nach einer »liberalen Revolution« in Gobettis Sinn entwickeln und eine Massenbewegung für Giustizia e libertà** auslösen. Oder es konnte ins Gegenteil umschlagen, in der Wüste eines allgemeinen Jedermanngeredes versanden, aus dem am Ende die alten Mächte unbeschädigt, ja sogar gestärkt hervorgingen.

Unter moderaten, konservativen, ja reaktionären Zeitgenossen, bei denen sich die Abneigung gegenüber der regierenden Partitokratie vom stillen Murren bis zu offener Feindschaft aufgeschaukelt hatte, führte dies zu Wahlverwei-

* Omertà, innerhalb der Mafia das Gesetz des absoluten Stillschweigens über Personen oder Vorfälle.

** Giustizia e libertà – Gerechtigkeit und Freiheit – hieß eine bedeutende, nichtkommunistische Widerstandsgruppe während des Faschismus.

gerung und brachte die »Ligen« hervor. Sie schwankten zwischen zwei Extremen, einem »Alle sind Räuber« (mit der möglichen Konsequenz einer offenen Rebellion) und der resignierten Apathie eines »Viel wird sich nie ändern«.

Für die Anhänger der Linken hingegen bedeutete die Eindeutigkeit der »moralischen Frage« so etwas wie die letzte bekannte Heimat und wiedererkennbare Identität. Es waren ihre Führer, die der Zweideutigkeit zum Opfer fielen, verführt von den längst hinfälligen Sirenengesängen einer »Einheit der Linken«, die angesichts der Tatsache, daß Craxi längst strukturell zur »neuen Rechten« gehörte, ziellos geworden war. Für diese Parteiführer galt jede Kritik an der Partitokratie, an die sie sich klammerten, nach Jedermannsgeschwätz.

Mani Pulite war anfänglich auch deshalb erfolgreich, weil es nicht in die alten Schemata politischer Gruppierungen zwischen Mitte-Rechts und Mitte-Links paßte. Die größten Elogen kamen folgerichtig von der »Lega«, die diesen Gegensatz programmatisch ablehnt. In der Tat war Mani Pulite weder rechts, noch links, noch Mitte – sondern es nahm die Gleichheit aller vor dem Gesetz buchstäblich ernst.

Doch die Untersuchungsbehörden konnten allein mit ihren Mitteln das Phänomen einer politischen Korruption, das sich bis in die entferntesten Ecken der politischen Landschaft verbreitet hatte, nicht ausrotten. »Landschaftspflege« war die Formel, die nicht zufällig in den Untersuchungen immer häufiger auftauchte. Sie schafften es nicht und machten das immer wieder deutlich (fern von jeder Eigenmächtigkeit, jedem Übergriff in die politische Sphäre.) Sie schlugen schließlich sogar eine Amnestie für die strafrechtlich relevanten Delikte im Austausch gegen eine explizite Übernahme der Verantwortung durch die Beschuldigten vor, um damit auf eine authentische und radikale Weise eine neue Seite im Geschichtsbuch aufzuschlagen. Mani Pulite, der eigenen Grenzen bewußt und darauf bedacht, diese nicht zu überschreiten, forderte von der Politik die Führungsrolle im Kampf gegen die Korruption.

12.

Das aber war nichts anderes als die Forderung nach einer »antipolitischen« Wende der Politik selbst. Die Führer der Linken wollten diesen Weg nicht gehen, obwohl ihre Mitglieder und Wähler darauf hofften. Sie verweigerten sich in der schlimmsten Weise, indem sie die Mailänder Staatsanwälte priesen (zuweilen mit lügenhaftem Geschwätz) und gleichzeitig die Kontinuität der Partitokratie beschworen. Sie zogen ihre Minister zurück, um gegen die Straflosigkeit Craxis zu protestieren und machten dem PSI weiterhin Angebote zur Vereinigung. Sie setzten ihre »fröhliche Kriegsmaschine« in Gang, um die Kandidatur ihres Parteisekretärs für das Amt des Ministerpräsidenten durchzudrücken anstatt einen Schritt zurückzutreten und jemanden wie Carlo Azeglio Ciampi aufzustellen.

So schenkte die Linke Berlusconi den strategischen Platz der »Antipolitik« und erlaubte es seiner neuen *alten* Rechten, die auf der Legalität beharrende Antipolitik zu umgehen und statt dessen die Antipolitik des Firmen-Populismus und eines üppigen Peronismus zu wählen. Diese neue alte Rechte (neu was ihre Leute und ihre Strukturen betrifft, alt darin, daß sie Craxis Strategie ins Extrem trieb), konnte derart aus der antipolitischen, mit Mani Pulite verbundenen Welle Profit ziehen und deren Grundströmung (die Wiedergewinnung der Legalität) als »Politisierung der Justiz« madig machen.

Daß die Besetzung des strategischen Fixpunkts der Antipolitik ein richtiger und siegreicher Schritt war, wird durch die Tatsache bestätigt, daß eine modeste Bewegung hin zu diesem Fixpunkt (die Gründung des Olivenbaum-Bündnisses und die Kandidatur Prodis) genügte, um die Wahlen zu gewinnen. Doch Mitte-Links hatte danach nichts besseres zu tun, als im Namen eines politischen Realismus (!) das Steuer herumzuwerfen; anstatt die Verbindung zwischen Antipolitik, Mani Pulite und Zivilgesellschaft enger zu knüpfen, verschwendete sie ihre besten Energien an das Polittheater der Bicamerale und an Hinterhalte, aus denen sie das Amt des

Ministerpräsidenten durch jemanden aus den eigenen Reihen besetzen konnten.

Dabei ist der Bruch mit der Vergangenheit – sowohl was die Parteistruktur als auch was das Führungspersonal betrifft – für die Linke die Vorbedingung eines Erfolgs, da nur auf diese Weise der Antikommunismus ein für alle Mal aufhören würde, ein lähmend tödliches Gift im politischen Leben Italiens zu sein. Wenn aber die imaginäre politische Wasserscheide links/rechts wieder die Oberhand gewinnt über die reale zwischen Legalität und Straflosigkeit, kann die Rechte der *homines novi* weiterhin das kommunistische Erbe (ungeachtet des Falls aller Mauern) einem D'Alema anhängen, der sich noch vor kurzem rühmte, hinter seinem Schreibtisch ein Bild des Stalinisten Togliatti hängen zu haben.

Die Phase der Antipolitik war (und ist) unvermeidlich und unantastbar, sie ist notwendig für die Periode des Übergangs, in der wir leben, mit ungewissem Ausgang, noch nicht gefällten Verdikten. Gobetti hat recht: die liberale Revolution einer ernst genommenen Demokratie, der Verringerung des Abstands zwischen Reden und Tun, der Überwindung einer historischen zivilen Rückständigkeit konnten und können nur die linken Kräfte ins Werk setzen. Oder allenfalls eine liberale Rechte europäischen Zuschnitts zusammen mit der Linken. Unter einer entscheidenden Voraussetzung: es konnte, kann und wird sich nicht um *diese* Linke handeln können.

Mit dieser Linken, die fortfährt, Realismus mit Masochismus zu verwechseln, demokratisches Handeln mit ohnmächtigen Teilhabeangeboten, die sich gefällt in ihren parteichinesischen Sprachregelungen, die die Antipolitik an die Rechte verschenken, mit dieser Linken wird Berlusconi gewinnen, wie schon zweimal. Ohne Ausweg.

Auch heute setzt Berlusconi nämlich auf das Image des Antipolitikers, des Unternehmers, der die Politik verachtet und der deshalb den Staat in einen Betrieb verwandeln will. Damit gewinnt er, so lange die Linke ihm kein Projekt entgegensetzt, das sich glaubhaft von der Partitokratie verabschiedet. Bis dahin überläßt sie dem Cavaliere das Monopol der Antipolitik, so wie sie ihm das der Information überlassen hat.

Mani Pulite war nicht Politik und ist es nicht, warf vielmehr eine vorpolitische Frage auf, die jede westliche liberaldemokratische Politik für längst entschieden hält: das Primat der Legalität und der Gewaltenteilung (einschließlich der neuen und entscheidenden in den Massenmedien) gegenüber der Zustimmung in Wahlen. Wird dieser Primat angezweifelt, so verwandelt sich die Frage dagegen in eine par excellence politische, sie wird zum Prüfstein, an dem sich entscheidet, was eine liberale Demokratie ist und was ein populistisches Regime.

Diese Entscheidung ist in Italien noch nicht gefallen. Sie verdeutlicht, was in den Tagen, die wir durchleben und die uns noch bevorstehen, auf dem Spiel steht. Sie hängt also von unserer Anstrengung oder unserer Trägheit ab.

»In den letzten zehn Jahren hat in Italien ein Bürgerkrieg stattgefunden. Die ausländischen Journalisten wollten nicht zur Kenntnis nehmen, daß von einem Teil der Justiz eine ganze politische Klasse weggefegt wurde, die die Demokratie und den Westen repräsentiert. Die Justiz ist illegitimerweise zu politischen Zwecken mißbraucht worden.«

Berlusconi in einem Interview mit Bruno Vespa

Andrea Camilleri

Das Haar, nicht das Laster

In Italien lebte ein Cavaliere, der in nur wenigen Jahren ein riesiges Vermögen angehäuft hatte. Eines Tages begannen einige Staatsanwälte, sich für seine Geschäfte zu interessieren. Und sie begannen, ihn der Bilanzfälschung, Bestechung, Erpressung, Steuerhinterziehung und anderer Dinge mehr zu beschuldigen. Es kam zu ersten Verurteilungen. Mithilfe seiner Zeitungen, seiner Fernsehstationen, seiner Abgeordneten (er hatte nämlich eine Partei gegründet) entfesselte der Cavaliere eine wilde Kampagne gegen die Staatsanwälte, die gegen ihn ermittelten, und bezichtigte sie, ein parteiisches Recht auszuüben. Er selber bezeichnete sich als politisch Verfolgter.

Er tat so viel und sprach so viel, daß viele Ilatiener ihm Glauben schenkten.

Dann, eines Tages, geschah, was allen widerfährt: er starb.

Im Jenseits wurde er in ein schmuckloses Zimmer geführt. Dort stand ein wackeliger Tisch, hinter dem auf einem Strohstuhl ein heruntergekommenes Männlein saß.

»Du bist der Cavaliere?« fragte das Männlein.

»Mit Verlaub«, sagte der Cavaliere verwirrt durch diesen vertrauten Ton. »Sagen Sie mir zuerst einmal, wer Sie sind.«

»Ich bin der Höchste Richter«, sagte das Männlein leise.

»Und ich lehne Sie ab!« schrie der Cavaliere umgehend, der zwar sein gesamtes Haar, sein Fleisch, seine Knochen verloren hatte, nicht aber sein Laster.

Luigi Ferrajoli

Justiz

Luigi Ferrajoli ist Professor für Rechtsphilosophie an der Universität von Camerino. In Italien erschien von ihm zuletzt »Diritto e ragione. Teoria del garantismo penale«.

Zwei Leitlinien der Rechtspolitik

In den ersten Monaten hat sich die Regierung Berlusconi bei ihrer Rechtspolitik hauptsächlich von zwei Prinzipien leiten lassen: keine Toleranz in puncto öffentliche Ordnung und Kleinkriminalität und größte Garantien auf Straffreiheit bei Wirtschafts- und Finanzdelikten, angefangen bei denen, die dem Ministerpräsidenten vorgeworfen werden.

Die Leitlinien dieser Politik, die auf Kosten schwerer Spannungen in den staatlichen Institutionen und einer weitreichenden Isolierung Italiens vom übrigen Europa durchgesetzt wurden, hatten sich schon im Wahlkampf abgezeichnet: Sie wurden begleitet vom Versprechen sogenannter »liberal-rechtsstaatlicher« Reformen der Strafprozeß- und der Gerichtsordnung auf der einen Seite und von alarmierenden Meldungen über die öffentliche Sicherheit und der Zusicherung, mit größerer Härte gegen die Kleinkriminalität vorzugehen auf der anderen Seite. Die beiden Versprechen stehen nur scheinbar im Widerspruch zueinander, in Wahrheit sollen sie eine einzige Botschaft ausdrücken: Die Kriminalität, die wirkliche Kriminalität, der vorgebeugt und die strafrechtlich verfolgt werden muß – so lautete im Grunde die Wahlpropaganda von Forza Italia in Sachen Sicherheit, die das Mitte-Links-Bündnis übrigens aufgegriffen hat – ist einzig und allein die Kriminalität der Straße; mithin nicht die Verstöße der »Ehrenmänner« – Bestechung, Bilanzfälschung, Steuerhinterziehung, Geldwäsche – die in den vergangenen Jahren von einer »parteiischen« Richterschaft so verbissen verfolgt wurden, sondern nur Straßenraub, Autodiebstähle oder Hauseinbrüche und der kleine Drogenhandel, also Delikte, die Einwanderer, Drogenabhängige und auf verschiedene Weise an den Rand der Gesellschaft gedrängte Personen begehen.

Es handelte sich dabei um eine Operation, die nicht in erster Linie politischer, sondern eher gesellschaftlicher Natur war, und bei der es darum ging, in der Öffentlichkeit einen Einstellungswandel zum Recht und zur Strafjustiz herbeizuführen, wie er in der Geschichte unseres Landes noch nie dagewesen ist. Nicht einmal Alfredo Rocco* und die faschistischen Juristen waren jemals der Ansicht, daß Bestechung und Betrug weniger schwere Verbrechen seien als Einbrüche oder Diebstähle. Das Endziel ist eindeutig eine Reform des Strafrechts, die für Wirtschaftsunternehmen wie maßgeschneidert ist: Die Justiz soll aufhören, »anständige Bürger« strafrechtlich zu verfolgen, und sich statt dessen nur mit Delikten beschäftigen, die deren Sicherheit bedrohen. »Sicherheit« wiederum bedeutet dann nicht mehr »soziale Sicherheit« – Sicherheit des Arbeitsplatzes, der Gesundheit, der Sozialfürsorge und anderer gesellschaftlicher Grundrechte – sondern nur »öffentliche Sicherheit«, ganz und gar auf die Formen öffentlicher Ordnung statt auf die des Sozialstaates zugeschnitten, den man übrigens gerade abzubauen beginnt.

Öffentliche Ordnung und Sicherheit

Die »öffentliche Ordnung« ist genau das Terrain gewesen, auf dem diese neue Rechtspolitik eingeführt wurde. Als in Genua am 20. und 21. Juli Kundgebungen gegen das Gipfeltreffen der G8 stattfanden, haben die Polizeikräfte sich mit grundlosen Angriffen auf die Demonstranten und in den darauffolgenden Tagen dann mit gewalttätigen Übergriffen und Schikanen gegenüber Hunderten willkürlich festgenommener junger Menschen hervorgetan, als ob es die Aufgabe der Polizeikräfte wäre, ein feindliches Heer zu vernichten, anstatt Gewalttaten zu verhindern und eine Kundgebung von

* Alfredo Rocco (1875–1935): In den 20er Jahren vor allem als Justizminister maßgeblich am Aufbau des faschistischen Regimes beteiligt.

Staatsbürgern zu schützen – und das Ganze im sicheren Wissen darum, daß die neue Regierung für sie haften und sie schützen werde, was schon darin zum Ausdruck kam, daß der stellvertretende Ministerpräsident Gianfranco Fini und eine Gruppe Parlamentarier der Alleanza Nazionale sich während der Kundgebung in den Kommandozentralen der Polizei aufhielten. Das Bündnis Casa delle Libertà, das wegen der Einführung der sogenannten *par condicio** im Fernsehen oder wegen des Mißbrauchs der Schutzhaft jahrelang lautstark vor dem Entstehen eines Polizeistaates gewarnt hat, hat auf diese Weise vor den erstaunten Augen der Weltpresse nicht nur mit der Versammlungsfreiheit und der Freiheit, Protestkundgebungen abzuhalten, sondern auch mit der wichtigsten aller bürgerlichen Freiheiten aufgeräumt: dem Recht auf die Freiheit der Person oder *habeas corpus*, also dem Recht auf Haftprüfung. In den Tagen von Genua sind 302 Verhaftungen vorgenommen worden, zum größten Teil illegale und daher nicht von den Gerichten bestätigte Verhaftungen. Außer dem Jugendlichen Carlo Giuliani, der getötet wurde, mußten 560 Personen in Krankenhäuser eingeliefert oder dort verarztet werden, ganz zu schweigen von den Hunderten Verletzten, die es vorgezogen haben, sich keiner Krankenhausbehandlung zu unterziehen. Mehrere Tage lang waren Dutzende von verhafteten Personen buchstäblich verschwunden, ohne daß ihre Angehörigen von der Verhaftung unterrichtet wurden, wie es der Artikel 387 der Strafprozeßordnung vorsieht, und ohne daß ihnen gestattet wurde, mit Anwälten zu sprechen. Schließlich sind nicht nur auf den Straßen, sondern auch in den Kasernen, in den Polizeistationen, im Gefängnis und sogar im Krankenhaus Schlägereien veranstaltet worden, bei denen die Verhafteten beleidigt, gedemütigt und mißhandelt wurden – gequetschte Lungen, gebrochene Gliedmaßen, herausgeschlagene Zahnbrücken –

* Konzept zur Regelung der Präsenz von Politikern und Parteien in der Fernsehlandschaft.

ja in einigen Fällen wurden sie sogar gezwungen, Loblieder auf den Duce oder auf Pinochet zu singen.

Was bei diesen Ereignissen noch schwerer ins Gewicht fällt als die brutalen Ausschreitungen der Polizeikräfte, ist, daß ihnen von der Regierung politische Deckung und Solidarität zuteil wurde. Gewalttätige Übergriffe der Polizei sind in jedem beliebigen Land möglich und kommen auch immer wieder vor. Was es in einem demokratischen Land nicht geben dürfte, ist ihre politische Legitimation, denn sie führt im allgemeinen Empfinden der Polizisten und bei der öffentlichen Meinung zwangsläufig zu einer Verwirrung der rechtsstaatlichen Werte. Unsere Regierung geht jetzt aber schon so weit, von der Opposition eine überparteiliche Solidarität angesichts des Verhaltens der Polizei zu verlangen, wo doch die einzig anständige überparteiliche Entscheidung in einer gemeinsamen Verteidigung des Rechtsstaates und in der allseitigen Verdammung von Willkürakten hätte bestehen müssen. Im Übrigen war, wie aus den Umfragen von Journalisten und sogar aus den Ermittlung des parlamentarischen Untersuchungsausschusses hervorgeht, die ganze Operation und vor allem die »Durchsuchung« der Zentrale des Genoa Social Forum in der Nacht zum 21. Juli im Vorfeld geplant worden, um die gesamte »Anti-G8-Bewegung« zu diskreditieren, indem man ihr eine systematische Verbindung zu den Gewalttätern des sogenannten »Schwarzen Blocks« unterstellte.

Diese harte Linie hat sich übrigens auch bei einem anderen Thema gezeigt, das den Rechten traditionell am Herzen liegt: der Verfolgung von nichteuropäischen Einwanderern. Im Gesetzentwurf vom 2. November 2001 ist weniger die Regulierung der Einwanderung als faktisch ein Einwanderungsstop vorgesehen. Nur wer im Besitz einer, natürlich befristeten, »Aufenthaltsgenehmigung aufgrund eines Arbeitsvertrages« ist, die im Ausland von einer diplomatischen Vertretung Italiens ausgestellt werden muß und an die Verpflichtung des Arbeitgebers gebunden ist, dem Ausländer eine Unterkunft zu stellen und die Kosten für die Rückkehr in sein Heimatland zu zahlen, erhält die Genehmigung zur Einwanderung. Vorgeschlagen werden außerdem eine sonderbare Form von »schweigender Zustimmung« zur möglichen Ausweisung seitens der Gerichtsbehörden, die eindeutig zum Ziel hat, die vom Artikel 13 der Verfassung vorgeschriebene gerichtliche Kontrolle des Ausweisungsverfahrens zu umgehen; weiter die Verdoppelung der behördlich angeordneten Verweildauer in den »Lagern für befristeten Aufenthalt«; eine Strafverschärfung im Fall der heimlichen Rückkehr eines ausgewiesenen Ausländers nach Italien, die der Polizei die Möglichkeit gibt, ihn festzunehmen. Ferner sollen Verwandte zweiten Grades von der Familienzusammenführung ausgeschlossen werden, die auch den Eltern nur noch dann gestattet ist, wenn »sie keine anderen Kinder haben«, von denen sie in ihrem Heimatland unterhalten werden können. Außerdem wird das Asylrecht in wesentlichen Punkten ausgehöhlt. Zusätzlich soll der Aufenthalt in Italien dadurch erschwert werden, daß sich die Wartezeit auf eine ordentliche Aufenthaltsgenehmigung um mehrere Jahre verlängert und deren Gewährung in jedem Fall ausschließlich dem Kriterium des Arbeitgeberinteresses zu folgen hat. Wenn der Einwanderer sechs Monate nach seiner Kündigung keine neue Arbeit gefunden hat, wird er ausgewiesen: man kann sich vorstellen, welche Schikanen er bereitwillig auf sich nehmen wird, um nur ja nicht entlassen zu werden.

In die schlimmste Tradition der Notstandsgesetzgebung reiht sich sodann die Rechtsverordnung Nummer 374 vom 18. Oktober 2001 über den internationalen Terrorismus ein. Die Maßnahme gehört offensichtlich zu der Art von Gesetzen, die nur zu Propagandazwecken erlassen werden, da die alten Verordnungen mehr als ausreichend waren, um jedes terroristische Attentat und entsprechende, nationale wie auch internationale Vereinigungen zu bestrafen. Doch sie enthält zwei Neuheiten: die erste ist die unbegrenzte Ausweitung der Möglichkeiten für »präventive« Telefonüberwachungen, die in der Vergangenheit von Forza Italia heftig bekämpft wurden, und nun vorgesehen sind, »wenn sie notwendig sein sollten für das Erlangen von Informationen zur Verhinderung« terroristischer Verbrechen. Welcher Art diese Informationen sind, ist praktisch ins Belieben der Ermittler gestellt, denn die Straftaten, zu deren Verhinderung diese Informationen dienen, sind wiederum nur als Verdachtsmomente formuliert, ergänzt durch schlichte »Vorsätze« zu Gewalttaten, überdies nicht nur »gegen Personen«, sondern auch »gegen Sachen«. Die zweite Neuheit sieht vor, daß im Rahmen solcher Ermittlungen »verdeckte Aktivitäten« von Lockspitzeln stattfinden können, Aktivitäten, die nun aber nicht mehr, wie in der Vergangenheit, ausschließlich Beamten der Kriminalpolizei, sondern auch deren »Hilfskräften« anvertraut werden dürfen, zum Beispiel Polizeispionen oder schlimmer, Kronzeugen und reuigen Kriminellen, die dann damit rechnen können, daß in ihren Strafverfahren die Nicht-Strafbarkeit großzügig ausgelegt wird. Bei der Polizei, die wir in Genua in Aktion erlebt haben, kann man sich leicht vorstellen, welchen Gebrauch und welchen Mißbrauch dieser neuen Verordnungen sie vor allem zum Nachteil der Einwanderer und ihrer Vereinigungen machen wird. Von dem Vorschlag, den der Minister Frattini vorgebracht hat, wollen wir lieber gar nicht reden, zumal es sich erst um eine Skizze und nicht um einen formellen Gesetzentwurf handelt. Frattini sieht eine »zweckdienliche Garantie« auf Straffreiheit vor, falls Straftaten wie Diebstähle, Hausfriedensbrüche und mißbräuchliches Aushorchen von den Geheimdiensten mit Genehmigung des Ministerpräsidenten begangen wurden: eine Art »Lizenz zum Verbrechen«, wie sie genannt wurde, die unseren Polizeikräften ja vielleicht aufgrund ihrer langjährigen Erfahrung mit bewußter Irreführung und zersetzenden Maßnahmen zuerkannt wird.

Die Berlusconi-Gesetze

Sehr viel komplizierter und ausgefeilter ist die zweite Leitlinie von Berlusconis Rechtspolitik, die zum größten Teil den persönlichen Interessen des Ministerpräsidenten wie maßgeschneidert angepaßt ist. Im Wesentlichen kam sie in der Verabschiedung von drei Gesetzen zum Ausdruck, die alle drei gleichermaßen Geschenken an die Welt der Wirtschaftskriminalität sind. Die Regierung hat diese Gesetze in größter Eile von September bis November 2001 verabschieden lassen, wobei sie sich die Tatsache zunutze machte, daß die Öffentlichkeit just zu der Zeit von dem grauenhaften Attentat auf das World Trade Center in New York und dann vom Krieg in Afghanistan erschüttert und abgelenkt war. Nicht weniger deutlich trat diese Leitlinie aber auch im Versuch der Regierung hervor, den Aufbau eines europäischen Rechtsraumes für Bestechungsdelikte zu sabotieren, außerdem in einer ganzen Reihe von Angriffen und Einschüchterungsversuchen gegenüber Richtern, die gegen solche Delikte vorgehen.

Das erste dieser drei Geschenke, die die Regierung illegalen Machenschaften im Wirtschafts- und Finanzwesen gemacht hat, nachdem sie ihre Mehrheit im Abgeordnetenhaus sogar noch mit einem Vertrauensvotum gepanzert hatte, war eine Art Prämie für Steuerhinterziehung und für Geldwäsche. Die Gelegenheit zu diesem Handstreich bot sich durch die »Anordnungen im Hinblick auf die Einführung des Euro«, die per Dringlichkeitsantrag mit der gesetzlichen Verordnung Nummer 350 vom 25. September 2001 erlassen und dann in das Gesetz Nummer 409 vom 23. November 2001 umgewandelt wurden. Diesen an sich harmlosen Anordnungen wurde ein Absatz III mit der Überschrift »Rückführung von Aktivitäten im Ausland« angefügt, durch den es möglich wird, illegal aus Italien ausgeführtes Kapital gegen eine lächerliche Ablaßzahlung von 2,5 Prozent der ausgeführten Summe zwischen dem 1. November 2001 und dem 28. Februar 2002 wieder ins Land zu bringen. Die Rechtsverordnung, so der Begleitbericht, möchte vermittels »eines engen Netzes von Schutzvorrichtungen, mit dem die Geheimhaltung der Daten und Informationen bezüglich der Aktivitäten garantiert werden soll, die Gegenstand der Rückführung sind«, ein »verbessertes Vertrauensklima zwischen den Bürgern und der Verwaltung« schaffen. Ein besseres Vertrauensverhältnis soll vor allem zwischen eben jenen Personen, die den Fiskus hintergangen und Gesetze gebrochen haben, und einer Regierung entstehen, die ihnen nicht nur Straffreiheit, sondern sogar die Geheimhaltung ihrer kriminellen Aktivitäten zusichert.

Im besten Fall wird hier also ein endgültiger Schlußstrich unter ein ungeheures Ausmaß von Steuerflucht gezogen: mit dem Ergebnis, daß derjenige, der es in Italien unterlassen hat, ein noch so geringes Einkommen zu erklären, wegen Steuerhinterziehung verfolgt werden wird, während derjenige, der viele Milliarden im Ausland versteckt hat, sie gegen Zahlung einer geringfügigen Strafgebühr nach Italien zurückbringen kann. Im schlimmsten Fall aber wird dieses Gesetz, dank der totalen Anonymität, die diesen Operationen zugesichert ist, und unbeschadet des wahrscheinlich nutzlosen Hinweises auf die Gesetze gegen das organisierte Verbrechen und den Terrorismus, dazu führen, daß kriminelle Gelder gewaschen und endgültig jedem Zugriff entzogen werden können. In jedem Fall haben wir es hier mit einem Straferlaß, oder schlimmer noch, mit einer verschleierten Amnestie zu tun – und zwar nicht nur für die Geldwäsche, sondern auch für all jene Kapitalfluchten ins Ausland, die bei einer Höhe von über 300 Milliarden Lire strafbar sind – einer Amnestie per Rechtsverordnung überdies, die in expliziter Form nicht möglich gewesen wäre, da für eine Amnestie laut Verfassung eine Zweidrittelmehrheit im Parlament erforderlich ist. So ist diese Maßnahme ist sogar noch vorteilhafter als eine Amnestie, denn niemand wird je etwas über die Anzahl, den Umfang und die Verantwortlichen dieser Steuerfluchten erfahren.

Das zweite Geschenk an die Wirtschaftskriminalität ist im Ermächtigungsgesetz Nummer 366 vom 3. Oktober 2001 über die Reform des Gesellschaftsrechts enthalten und besteht aus den Änderungen, mit denen das Delikt der Bilanzfälschung als Straftat abgeschwächt oder gar aufgehoben wird. Dieser Straftatbestand diente bisher nicht nur dem Schutz von Gesellschaften und Gläubigern, von potentiellen Investoren, konkurrierenden Unternehmen und allgemein dem Vertrauen der Öffentlichkeit und der Transparenz des Marktes, sondern sollte auch die Bildung von schwarzen Kassen für Bestechungen oder andere unerlaubte Verwendungszwecke unterbinden. Unter der Voraussetzung, daß vor allem Gesellschafter und Gläubiger schutzwürdig seien, mithin gerade diejenigen, die von der Bildung schwarzer Kassen für illegale Zwecke meistens profitieren, schwächt der Artikel 11 des neuen Gesetzes jene Bilanzfälschungen, die diesem Personenkreis keine Vermögenseinbußen bringen, als Straftat ab und macht sie zu Übertretungen. Zu Straftaten erklärt das Gesetz dagegen zum Nachteil von Gesellschaftern und Gläubigern frisierte Bilanzen, gegen die jedoch lediglich Beschwerde geführt werden kann und das auch nur dann, wenn sie im Geschäftsbetrieb von nicht an der Börse notierten Unternehmen begangen wurden. In jedem Fall sieht das Gesetz ein geringeres Strafmaß vor. Außerdem schränkt es die Strafbarkeit generell nur auf solche vermutlichen Fälschungen ein, die »den Eindruck von der wirtschaftlichen Situation« eines Unternehmens »empfindlich« verändern, wodurch ein großes Spektrum an Bilanzfälschungen für vollkommen straffrei erklärt, faktisch also erlaubt wird: nicht jene Fälschungen wohlgemerkt, die objektiv wenig ins Gewicht fallen, sondern die der großen Unternehmen und Konzerne, deren »wirtschaftliche Situation« sich natürlich selbst dann nicht »empfindlich« verändert, wenn die Fälschung mehrere Milliarden Lire umfaßt.

Ich halte mich an dieser Stelle nicht weiter mit dem Paradox auf, daß das Delikt bei entstandenem Schaden auf dem Wege einer Privatklage geahndet werden kann, es also nichtig wäre, wenn die Klage zurückgezogen würde, während es andernfalls, also gerade bei geringerem Schadensumfang, von Amts wegen zu verfolgen wäre, da es als Übertretung gilt. Auch von den verzwickten Interpretationsproblemen, die sich zum Beispiel ergeben werden, wenn der Verdacht auf versuchte Bilanzfälschung beurteilt werden oder man jeweils entscheiden muß, wer die geschädigten Personen sind, die eine Privatklage anstrengen dürfen, möchte ich nicht sprechen. Ich beschränke mich auf die Feststellung, daß die neue Regelung dazu taugt, den größten Teil der Bilanzfälschungsdelikte, gegen die derzeit ermittelt wird, für straffrei zu erklären oder als Straftat herabzustufen, in jedem Fall aber ihre Verjährungsfrist dank der Strafminderung halbiert. Damit sind diese Delikte praktisch alle annulliert, selbstverständlich beginnend bei denen, die dem Ministerpräsidenten vorgeworfen werden. Da es sich um ein Ermächtigungsgesetz handelt, wird es übrigens Berlusconi selber sein, der die entsprechenden Verordnungen mit Gesetzeskraft erlassen und mit ihnen, was die gegen ihn anhängigen Prozesse wegen Bilanzfälschung betrifft, seinen eigenen Freispruch unterzeichnen wird.

Noch deutlicher kommt der Zusammenhang zwischen der Rechtspolitik und den Geschäften des Ministerpräsidenten, besser, Erstere als Fortsetzung der Letzteren mit anderen Mitteln, im Gesetz Nr. 367 vom 5. Oktober 2001 zum Ausdruck. Mit diesem Gesetz wurde das italienisch-schweizerische Abkommen vom 10. September 1998 über die Vereinfachung der Rechtshilfeersuchen, also die Möglichkeit, ausländische Justizbehörden um Material aus Ermittlungsverfahren zu bitten, ratifiziert. Die Mitte-Links-Regierung hatte über zwei Jahre verstreichen lassen, bevor sie die Ratifizierung unmittelbar vor den Wahlen vorschlug und damit der Rechten die Möglichkeit bot, sie mit Hunderten von Novellierungsanträgen zu behindern. Viele dieser Anträge sind jetzt in das Gesetz eingegangen, und darum erleichtert es die Rechtshilfe nicht mehr, sondern erschwert sie mit einer Reihe formalistischer Vorschriften, die allein zu dem Zweck erdacht scheinen, die internationale Zusammenarbeit der Justizbehörden zu sabotieren.

So bekräftigt der Artikel 13 des Gesetzes, dank eines Änderungsantrages von Marcello Dell'Utri, die – vom Verfassungsgericht mit dem Urteil Nummer 379 aus dem Jahre 1995 nur bei Verletzung des Rechtes auf Verteidigung zugebilligte – »Nicht-Verwendbarkeit« aller Prozeßakten, in deren Besitz die inländischen Behörden nicht gemäß der vom Straßburger Abkommen vom 20. April 1959 und anderer internationaler Vereinbarungen in Sachen rechtlicher Zusammenarbeit vorgesehenen Formen gelangt sind. Dahinter steckt die Absicht, alle Dokumente – abgehörte Telefongespräche, Verhörprotokolle, Fotokopien des Schriftverkehrs mit Banken und Belege über Auslandskonten – die nicht durch die Justizminister der beiden Ländern übermittelt wurden und nicht die vom Gesetz zur Ratifizierung des Straßburger Abkommens Nummer 215 vom 23. Februar 1961 vermeintlich für jedes einzelne Blatt geforderte »Gültigkeitsbescheinigung« tragen, zu Makulatur zu machen. Die Nicht-Verwendbarkeit wird außerdem unbegreiflicherweise auf alle Erklärungen ausgedehnt, »von wem sie auch immer abgegeben werden«, die »den Inhalt der nicht verwendbaren Akten zum Gegenstand haben«. Es soll also verhindert werden, daß ein Zeuge jemals berichtet, was er über diese Inhalte weiß. Was aber noch schwerer wiegt und den wahren Grund der Neuerung offenbart, ist, daß die Verfahrensbestimmungen des Gesetzes, also die Vernichtung der laut dieser Rechtshilfeverordnung ungültigen Dokumente, auch, so der Artikel 18, »auf laufende Prozesse« Anwendung finden. Um das Ganze schließlich noch komplizierter zu machen, schreibt der Artikel 4 des Gesetzes vor, daß der italienische Staatsanwalt, will er die erhaltenen Informationen in anderen Prozessen nutzen als denjenigen, für die sie angefordert wurden, den ausländischen Staatsanwalt zuvor um Erlaubnis fragen muß. »Nicht im Traum«, so der Genfer Generalstaatsanwalt Bernard Bertossa, »ist uns Schweizern je eingefallen, eine solche Klausel zu verlangen«. Sie habe »überhaupt keinen Sinn« und erklärt sich seiner Meinung nach »nur mit der Absicht, die Verwendung dieses Beweismaterials so lange wie möglich zu hinauszuzögern oder zu behindern«.

Sicherung von Straffreiheit

Nachdem sie über die Listen seiner Partei ins Parlament gewählt waren, haben Berlusconis Anwälte versucht, den Freispruch ihres Klienten auf gesetzgeberischem Wege zu erlangen, da sie ihn auf gerichtlichem Wege nicht erwirken konnten. Ihre Plädoyers zur Verteidigung Berlusconis wurden in Novellierungsanträge verwandelt, bei denen, so der »The Economist« vom 9. August, »sogar eine Bananenrepublik schamrot geworden wäre«. Auf gesetzgeberischem Wege ist es damit jedoch, muß man hinzufügen, in den entsprechenden Prozessen auch zu einer Art Schuldbekenntnis oder, wenn man so will, zu einer belastenden Zeugenaussage gekommen. Erklären lassen sich nämlich die Entschlossenheit und Eile, mit der die Regierungsmehrheit auf die Verabschiedung dieser ungewöhnlichen Gesetze gedrängt hat – Gesetze, mit denen Kriminalität nicht bekämpft, sondern begünstigt wird und die zudem rückwirkende Geltung hatten, einzig und allein durch das sichere Wissen der Antragsteller, daß dem Angeklagten auf der Grundlage der alten Gesetze in diesen Prozessen eine Verurteilung drohte. Aufschlußreich sind in dieser Hinsicht die zeitlichen Daten des Gesetzgebungsverfahrens zum Rechtshilfeersuchen. Am 4. Oktober endgültig von der Kammer verabschiedet, am darauffolgenden Freitag von Präsident Ciampi verkündet, von Samstag auf Sonntag gedruckt und in der Montagsausgabe der »Gazzetta Ufficiale« veröffentlicht, ist dieses Gesetz aufgrund seines Artikels 20 und abweichend von der üblichen *vacatio legis* von vierzehn Tagen am Dienstag, dem 9. Oktober in Kraft getreten, gerade rechtzeitig, um seine Anwendung in jenen Prozessen zu verlangen, bei denen der Ministerpräsident gemeinsam mit Cesare Previti auf der Anklagebank sitzt.

Doch der Preis, den die Allgemeinheit für diese privaten Interessen zu zahlen hat, könnte noch weit höher sein als die Straffreiheit Silvio Berlusconis und seiner Freunde. Wenn das Gesetz den Absichten des Gesetzgebers gemäß interpretiert werden sollte statt im Sinne der stichhaltigen Argumente, die in der Verordnung des Mailänder Gerichtshofes vom 21. November zum Ausdruck kommen – und von der Regierungsmehrheit heftig angegriffen wurden – könnte die fatale Folge sein, daß die italienische Justiz gegenüber einem Großteil der internationalen Kriminalität die Hände gebunden würden. Tatsächlich hat man errechnet, daß zu den Dokumenten, die wahrscheinlich für unbrauchbar erklärt werden, weil sie keinen Stempel über ihre Gültigkeit tragen oder nicht auf den diplomatischen Wegen übermittelt wurden, nicht nur die 252 Dokumente gehören, die über die Rechtshilfeersuchen von Mani Pulite an die Schweiz nach Italien gelangt sind, sondern auch die über weitere Rechtshilfen erhaltenen 7000 Dokumente, darunter 810 im Zusammenhang mit Mafiadelikten, 1045 wegen Drogenhandels, 766 wegen Bestechung und 66 wegen terroristischer Straftaten: von Telefonüberwachungen, bei denen der Name eines Mörders fällt, bis hin zu den Fingerabdrücken eines vermutlichen Mörders, von Dokumenten über Bankgeschäfte, die Geldwäsche oder Drogenhandel belegen, bis hin zu den Geldtransfers zwischen Personen, die im Verdacht stehen, Mitglieder terroristischer Vereinigungen zu sein.

So erklären sich die Bestürzung und der Protest aus aller Welt, angefangen bei der Schweiz bis zur strengen Rüge durch die Europäische Union. In einer Resolution vom 29. November hat das Europaparlament zunächst festgestellt, daß »im Kampf gegen das organisierte Verbrechen die Glaubwürdigkeit der Mitgliedsstaaten auf dem Spiel steht«, um dann »die kürzlich in Italien vorgenommenen Gesetzesänderungen, die die internationalen Rechtshilfeersuchen durch die Einführung neuer formaler Verfahrensvorschriften erschweren, wenn nicht sogar unmöglich machen«, scharf anzuprangern. Ausgerechnet in einem Moment, in dem der gesamte Westen sich bemüht, entsprechend der Empfehlung der UN-Resolution Nummer 1368 vom 12. September 2001, die Kooperation von Polizei und Justiz bei der Bekämpfung des Terrorismus zu verbessern und auch gegen Mafia-Organisation und andere weltweite Formen des organisierten Verbrechens gemeinsam vorzugehen, verläßt Italien sowohl den europäischen als auch den internationalen Rechtsraum, die beide in den letzten Jahren so mühsam aufgebaut wurden.

Der gleiche Versuch, die internationale Zusammenarbeit der Justizbehörden zu boykottieren, steckt übrigens auch hinter dem langen, peinlichen Widerstand der Regierung gegen eine Neufassung der alten Regelung des Auslieferungsverfahrens. Außerdem weigerte sie sich, den neuen »europäischen Haftbefehl« auf Straftaten wie Bestechung, Betrug, Geldwäsche und Umweltdelikte auszudehnen. Begleitet von allgemeiner Fassungslosigkeit und Empörung hat die Regierung Berlusconi damit den Interessenkonflikt, an dem die ganze italienische Politik krankt, auf Europa übertragen. Entsprechend hat der Europarat das europäische Parlament am 29. November aufgefordert, nunmehr zur »verstärkten Zusammenarbeit« überzugehen, wie sie im Artikel 40 des Abkommens von Amsterdam vorgesehen ist, Italien aber davon auszuschließen. Gewiß kann man Bedenken gegen diese Art Mandat haben, wenn die – vom Abkommen allerdings vorgesehene – gerichtliche Kontrolle seiner Legitimität in dem Land, in dem es umgesetzt werden soll, nicht mit der Wahrung aller grundlegenden straf- und prozeßrechtlichen Garantien des italienischen Rechts verbunden sein sollte. Doch so sahen die Bedenken, die unsere Regierung vorgebracht hat, natürlich nicht aus, denn diese konzentrierten sich zunächst auf die Liste der in das Abkommen aufgenommenen Straftaten, dann darauf, eine rückwirkende Geltung der neuen Bestimmungen zu vermeiden und schließlich auf die Zeiten und Bedingungen ihres Inkrafttretens.

»Unter aller Kritik, inakzeptabel, unverständlich« – mit diesen Worten haben Minister der anderen Länder und die gesamte europäische Presse das Verhalten Italiens fünf Tage lang kommentiert und auch mit deutlichen Anspielungen auf die schwebenden Verfahren unseres Ministerpräsidenten im Ausland nicht gespart. Berlusconi selber soll laut einem

Bericht der Zeitung »La Stampa« vom 7. Dezember bei einem Treffen mit den vierzehn Botschaftern der EU-Mitgliedsländer in Rom unschuldig erklärt haben: »Garzóns Ermittlungen gegen mich wegen frei erfundener Vergehen ist eine weitere Bestätigung dafür, wie wenig wahrscheinlich es ist, daß wir in einer so heiklen Angelegenheit wie dem europäischen Haftbefehl unsere Zustimmung geben werden«. Schließlich konnte unsere Regierung nicht umhin, das Abkommen zu unterzeichnen. Doch bevor es in Italien in Kraft treten konnte, wollte Berlusconi erst seine alten Projekte einer Justizreform, zu denen auch Verfassungsreformen gehören, verwirklichen. Mit dem europäischen Haftbefehl haben diese Reformen allerdings überhaupt nichts zu tun: Es geht um die strikte Trennung der beruflichen Laufbahnen von Richtern und Staatsanwälten und um die Aufhebung der Verpflichtung zur Strafverfolgung, die unter dem Vorwand, unsere Gerichtsordnung mit der anderer europäischer Länder in Einklang bringen zu müssen, jetzt wahrscheinlich der Kontrolle der Politik unterworfen werden soll.

Indem er diese Neuerungen als etwas hinstellt, das von den Verpflichtungen gegenüber Europa »gefordert« wird, bereitet Berlusconi sich schon einmal darauf vor, den Oppositionsparteien die Verantwortung für seine zukünftigen Unterlassungen in die Schuhe zu schieben, falls sie seine Entwürfe zu einer Reform der Rolle des Staatsanwaltes und allgemein seine Erpressungsversuche gegenüber der Richterschaft nicht unterstützen. Dies ist ein letzter Aspekt der Rechtspolitik dieser Regierung, der sich in einer langen Reihe von Racheakten gegen die Richter ausdrückt. Dazu gehörten der von einigen Abgeordneten von Forza Italia eingebrachte Vorschlag, einen parlamentarischen Untersuchungsausschuß »zum politischen Gebrauch der Justiz in Italien« einzurichten, der eindeutig darauf abzielt, Richter, die gegen Politiker vorgegangen sind, anzuklagen, und sie von jedem zukünftigen Versuch abzubringen, das bestehende Gesetz auch auf die Mächtigen anzuwenden; weiter die Einsparungen bei den Leibwachen für die Mailänder Richter, die gegen Berlusconi ermittelt haben; dann der ebenfalls vom Europaparlament gerügte Versuch des Justizministers, zu verhindern, daß drei italienische Richter zu Mitgliedern des OLAF, des Europäischen Amts für Betrugsbekämpfung ernannt werden. Diese hatten die entsprechende Ausschreibung zwar gewonnen, waren der Regierung aber nicht genehm, so daß sie durch drei vertrauenswürdigere Polizeibeamte ersetzt werden sollten; und schließlich die Androhung des Justizministers in seiner Rede vor dem Senat am 4. Dezember, er werde ein Disziplinarverfahren gegen den Mailänder Staatsanwalt Francesco Saverio Borrelli einleiten, weil dieser die naheliegende Feststellung gemacht hatte, es sei die Aufgabe der Richter, die Gesetze auszulegen, einschließlich des Gesetzes über die Rechtshilfeverordnung.

Eben an dieser Frage nach der Befugnis zur Auslegung der Gesetze hat sich der Interessenkonflikt schließlich zu einer realen Auseinandersetzung über die Machtverteilung zwischen der richterlichen und der gesetzgebenden Gewalt gesteigert. Anlaß war der Streit mit der Mailänder Richterschaft, der zunächst vom Staatssekretär im Innenministerium Carlo Taormina ausging und dann von der gesamten Regierungsmehrheit mit getragen wurde. Nachdem das Mailänder Gericht im SME-Ariosto Prozeß gegen Silvio Berlusconi und Cesare Previti mit einer Verfügung vom 17. November einen Antrag der Verteidigung zurückgewiesen hatte, forderte Taormina die Staatsanwaltschaft von Brescia wahrhaftig auf, die Mailänder Richter verhaften zu lassen. Sie hatten nämlich eine von ihm als haltlos beurteilte, in Wahrheit aber ausführlich begründete Interpretation der Aussagen vorgenommen, die das Gesetz über die möglichen Konsequenzen einer Aufhebung vergangener Gerichtsentscheidungen durch das Verfassungsgericht macht. Somit bestreitet Taormina faktisch die Unabhängigkeit der Rechtsprechung, da er ihr das Recht auf die Auslegung von Gesetzestexten abspricht. Nach zwei Wochen erbitterter Auseinandersetzungen gelang es der Regierungsmehrheit im Senat, die sich versammelt hatte, um über einen von der Opposition eingebrachten Mißtrauensantrag gegen Taormina zu debattieren, den Konflikt in die entgegengesetzte Richtung zu lenken. Auf seiner Sitzung vom 5. Dezember hörte der Senat zunächst eine Rede des Justizministers, in der dieser die Richterschaft hart attackierte, nahm anschließend die Demission Taorminas an, die unverzüglich eingereicht wurde, um die Debatte abschließen zu können, ohne daß der Opposition das Wort erteilt wurde, und stimmte dann für einen Antrag, in dem zwei »kürzliche richterliche Maßnahmen« angegriffen werden – die Verfügung vom 17. und die vom 21. November, ebenfalls zu einem Prozeß, in dem Cesare Previti der Angeklagte ist, weil sie »ein Urteil des Verfassungsgerichtes mißachtet«, damit »Verwirrung gestiftet« und die fraglichen Prozesse »mit politischer Bedeutung aufgeladen« hätten: wiederum also wurden Richter für eine Auslegung des Gesetzestextes kritisiert, die die Senatsmehrheit nicht teilte, obwohl sie sogar vom Verfassungsgericht an die »zuständigen Organe der Rechtsprechung« verwiesen worden war.

Zum ersten Mal in der Geschichte Italiens ist damit, so das übereinstimmende Urteil von über zweihundert Professoren der juristischen Fakultäten, eine Regel verletzt worden, die auf die Ursprünge des parlamentarischen Systems und des Rechtsstaates zurückgeht: Nach dieser Regel ist es dem Parlament verboten, den Ausgang von Prozessen mit Bewertungen oder Kritiken der richterlichen Entscheidungen zu beeinflussen. Und die Einmischung war um so gravierender, als sie mit einer schweren Einschüchterung der Richter einherging. Man warf ihnen vor, sie hätten »Versammlungen abgehalten, um gemeinsam nach Mitteln und Wegen zu suchen, ein staatliches Gesetz nicht anwenden zu müssen«, sie hätten in der Vergangenheit und »noch heute versucht, ihr Mandat mit seinen von der Verfassung geschützten Privilegien für den politischen Kampf zu nutzen, bis hin zur Einmischung in das politische Leben des Landes, indem sie die unterschiedlichsten Anklagepunkte mit eindeutig freiheitsfeindlicher Ausrichtung zu ihren Zwecken genutzt haben«. Wie der Oberste

Justizrat sofort klarstellte, handelte es sich bei den angesprochenen Zusammenkünften um normale Fachtagungen der Richter, die vom Justizrat selber zu jedem neuen Strafverfahrensrecht, mithin auch zum neuen Gesetz über das Rechtshilfeabkommen, organisiert werden. Doch man kann sich kaum vorstellen, daß die vom Senat der Republik so grob verleumdeten Richter ihre Arbeit nun mit der gebotenen Gelassenheit des Urteils fortsetzen können.

Mit demselben Antrag, mit dem sie so offen in laufende Strafprozesse eingegriffen hat, hat die Regierungsmehrheit schließlich auch ihre besorgniserregenden Vorschläge in Sachen Justizreform angekündigt: eine Abschwächung des Gebots der Strafverfolgung durch »die Einführung von Prioritätskriterien bei der Strafverfolgung, die vom Parlament festzulegen sind«; die Einführung von »regelmäßigen Überprüfungen« nicht nur »des Umfangs«, sondern auch »der Qualität der Arbeit der Richter, damit die zunehmenden Erfordernisse ihres Amtes und ihrer Eignung angemessen bewertet werden können«; weiter soll »durch Wahl ein geeignetes Organ« geschaffen werden, dem »die disziplinarische Aufsicht über die Richter obliegt«, wobei dieses Organ natürlich nicht mit dem Obersten Justizrat identisch ist, dessen Wahlordnung überdies im Sinne des Mehrheitswahlrecht reformiert werden soll; schließlich die »dienstliche und organisatorische Trennung« zwischen »den Ermittlungs- und den Urteilskompetenzen« und, was noch schlimmer ist, zwischen »der Tätigkeit der Kriminalpolizei und der des Staatsanwaltes«, womit ganz offensichtlich größere Kontrollmöglichkeiten der Exekutive über die Fahndungsarbeit der Polizei geschaffen werden sollen.

Demokratie und Rechtmäßigkeit

Wenn zutrifft, was aus Umfragen und aus den Ergebnissen der Regionalwahlen in Sizilien am 25. November hervorzugehen scheint, daß diese Politik nämlich die Zustimmung der Mehrheit der Italiener zur Regierung Berlusconi nicht im Mindesten angekratzt hat, müssen wir daraus schließen, daß das Projekt einer allgemeinen Bewußtseinsveränderung und eines Wandels kollektiver Vorstellungen von der Strafjustiz, wie zu Anfang beschrieben, voll und ganz verwirklicht werden konnte. Verbreitete Rechtsbrüche, von der Steuerhinterziehung bis zur Geldwäsche und Bestechung, gehen legitimiert daraus hervor, die Verantwortlichen werden gestärkt und ermutigt.

Im Übrigen stimmt dieser Wandel im Bewußtsein der Allgemeinheit vollkommen mit dem neuen weltanschaulichen Credo überein, das heute überwiegt: die Freiheit und die Demokratie – kurz, die »liberale Demokratie« – werden so verstanden, daß weder die private Selbstbestimmung, also auch die wirtschaftlichen Kräfte des Marktes, noch die Entscheidungen der Mehrheit, also die politischen Kräfte der Regierung, Regeln und Kontrollen, Einschränkungen und Verpflichtungen unterliegen dürfen. Was auf diese Weise entsteht, ist eine Art neoabsolutistische Regression des politischen Systems, die im Widerspruch zu den Prinzipien des verfassungsmäßigen Rechtsstaates steht, nach dem alle gesellschaftlichen Kräfte dem Gesetz und den entsprechenden rechtlichen Kontrollen unterworfen sein müssen. Bedenkt man außerdem die Verwirrung, die dadurch entstanden ist, daß ein- und dieselbe Person an der Spitze der höchsten Konzentration wirtschaftlicher Macht steht, zu allem Überfluß auch noch im Bereich der Massenmedien, und gleichzeitig das mächtigste politische Amt innehat, wird verständlich, daß diese Regression außerdem eine vormoderne Konfusion zwischen Politik und Wirtschaft, zwischen Öffentlichem und Privatem, zwischen Markt und Staat bedeuten mußte: eine Konfusion zwischen zwei Sphären, deren strikte Trennung sich im Verlauf des Übergangs von den alten Patrimonialstaaten zum Rechtsstaat herausbildete und die elementare und konstitutive Voraussetzung der modernen Rechtskultur darstellt.

Es ist diese neoabsolutistische Machtkonzentration, die die Wurzeln unserer demokratischen Grundordnung untergräbt. Wichtigster Antrieb des angesprochenen Wandels ist die schleichende Abwertung der Rechtmäßigkeit, und dieser Prozeß vollzieht sich, indem unrechtmäßiges Tun nicht nur verschleiert oder als Straftat abgeschafft wird, nein sogar indem man sich dazu bekennt und es stolz zur Schau stellt.

Einen Teil der Verantwortung für diese großen Schäden tragen allerdings die Kräfte des Mitte-Links-Bündnisses, die wie immer, wenn es der Politik an Prinzipien fehlt, in Fragen der Justiz zwischen verschiedenen Unterwerfungsgesten geschwankt haben. Das hat sich in den Kompromissen niedergeschlagen, die beim Interessenkonflikt, dem Schlußstrich unter Mani Pulite, ja sogar bei der Reform des Bilanzfälschungsdelikts gemacht wurden. Außerdem hat das Versäumnis einer Reformpolitik unter liberal rechtsstaatlichem Vorzeichen am Ende der Mitte-Links-Regierung ebenso sehr geschadet wie der ganzen Richterschaft.

Aus all dem folgte ein Vakuum in der Politik und eine Autoritätskrise der regierenden Schicht, die einem aufreibenden Kampf zwischen den Institutionen Platz gemacht haben. Natürlich nützen diese Auseinandersetzungen der derzeitigen Mehrheit. Ihre Vertreter können ungestört fortfahren, Richter über die Fernsehanstalten ihres Regierungschefs zu diffamieren und die Prozesse gegen ihn als Beweis für eine skandalöse politische Kampagne darzustellen. Doch dieser Kampf fügt der Glaubwürdigkeit der staatlichen Institutionen großen Schaden zu: Gemeint sind natürlich die Regierung und das Parlament, aber auch die Richterschaft, deren nie ganz verschwundene Neigung zum Korporativismus und zu antiliberalen Haltungen durch die Auseinandersetzungen Auftrieb erhält. Die Krise, die sich auf diese Weise wie durch einen Teufelskreis ausbreitet, bedeutet den Verfall unserer Demokratie, und so leicht es ist, ihre Formen und Ursachen zu diagnostizieren, so schwer ist es, ihre Überwindung vorauszusagen, wenn es keine tiefgreifende kulturelle und moralische Erneuerung der italienischen Gesellschaft gibt.

Antonio Tabucchi

Im Reich des Heliogabal*
Ein Aufruf gegen die Diktatur des Wortes

Antonio Tabucchi (geboren 1943) lebt als Schriftsteller und Professor für portugiesische Literatur in der Toskana und in Lissabon. Auf deutsch erschienen unter anderen »Erklärt Pereira«, »Indisches Nachtstück« und »Piazza d'Italia«, zuletzt »Es wird immer später«.

1. Es gibt verschiedene Formen der Diktatur. In Italien wird derzeit eine Diktatur des Wortes begründet.
2. Denn das Wort ist aus Gold. Besessen wird es von einer einzigen Person, einem Politiker, der gleichzeitig Regierungschef ist und Besitzer aller Medien, die das Wort transportieren.
3. Italien gehört nur scheinbar den europäischen Demokratien an. In Wirklichkeit ist es eine orientalische Form der Despotie nach Art jener, die der Sonnenkaiser Heliogabal über Rom errichtet hatte. Nach Art von Heliogabals Wochenblättern machte ein Wochenblatt im November 2001 eine Umfrage unter dem Titel: »Schriftsteller, warum sagst du nichts?« Man muß die Frage wiederholen. Denn sobald ein Schriftsteller dem ohrenbetäubenden Lärm von Heliogabals Worten widerspricht, wird vielerorts das Schweigen gelobt.
4. Das Schweigen aber kann man nicht mit Worten loben. Konsequenterweise sollte man das in der Stille tun. Die Anwälte der Stille nutzen das Wort.
5. Deshalb ist im Reich des Heliogabal nicht nur das Wort aus Gold. Aus Gold ist auch das Schweigen.

* *Heliogabal*, Oberpriester des Kultes des gleichnamigen Sonnengottes, war 218–222 römischer Kaiser. Er wurde von seinen eigenen Soldaten erschlagen und gilt als verrufenster der römischen Herrscher.

6. Aber das Sprichwort sagt, wer schweigt, der erklärt seine Zustimmung.
7. Das Wort ist aus Gold, doch kann es auch aus Blei sein. Im Evangelium ist von gewissen Individuen zu lesen, die im Dienste des Hohen Rats standen und unter dem Mantel den geheimen Dolch der Banditen, die »Sica« trugen. Das war ihr Arbeitsgerät. Unter dem Mantel ihrer Programme und ihrer Zeitungen tragen Heliogabals Agenten Wörter, die wie Dolche zugespitzt wurden. Ruck zuck, und schon bist du tot, wenn du das Schweigen nicht beachtest. Bleierne Worte.
8. In Heliogabals Reich wird das Schweigen mit Schüssen aus der Kathodenpistole verordnet.
9. Paß auf: Du hast ein Wort gesagt gegen Heliogabals Reich. Heliogabals Ausrufer wird in seiner Fernsehsendung behaupten, daß Du mit Terroristen gemeinsame Sache machst. Ein gezielter Schuß aus der Kathodenpistole.
10. Heliogabal ist grausam. Er schießt. Ich frage mich: Ist es richtig, angesichts seiner Kathodenpistolen zu schweigen?
11. Zitat aus einem medizinischen Wörterbuch: »Larynx (Kehlkopf): knorriges Hohlorgan, bestehend aus Knorpeln, die durch Bänder und Muskeln untereinander verbunden sind: Seine wichtigsten Funktionen sind: 1.) Atmung; 2.) Stimmbildung, das heißt die Ausbildung der Töne durch die Kontraktion der Stimmbänder genannten Muskeln.«
12. Die Stimmbildung, das heißt die Sprache, ist die Eigenschaft, mit der die Natur (wer ihn vorzieht, Gott) die Menschen ausgestattet hat, damit sie sich von den Tieren unterscheiden.
13. Weil das Schweigen tötet, soll das Wort erschaffen. Im Anfang war das Wort, und das Wort war das Leben. So steht es in der Heiligen Schrift.
14. Ich spreche, weil ich bin. Wenn meine Kehle voller Erde ist, höre ich auf zu sprechen. Doch bevor ich zur ewigen

Ruhe gelange, will ich von meiner Stimme Gebrauch machen. Von meinem Wort.

15. Ich spreche, weil ich ein Schriftsteller bin. Die Schrift ist meine Stimme. Ein Schriftsteller, der nicht spricht, ist kein Schriftsteller. Er ist nichts.
16. Aber auch Ihr müßt sprechen. Denn alle müssen sprechen. Deshalb hat uns die Natur zu menschlichen Geschöpfen gemacht. Wenn Ihr auch nur ein einziges Mal »NEIN« sagt, wird Eure Menschennatur gerettet sein. Wenn Ihr in Schweigen versinkt, habt Ihr Eure Münder selbst mit Erde verstopft. Dann seid Ihr nur noch Ohren, die Heliogabals Kathodenpistolen lauschen. Das ist genau das, was Heliogabal von Euch will.
17. Seid Ihr sicher, daß Ihr die wenigen Worte, die Ihr im Leben zu sagen habt, den Ausrufern und Marktschreiern des Heliogabal veräußern wollt?
18. Aufgepaßt: Heliogabal bereitet ein Gesetz vor, dank dessen Eure Münder mit Erde zugestopft werden und Ihr nur noch Ohren sein werdet, bereit für Heliogabals Botschaften. Mit diesem Gesetz wird er gleichzeitig zu Eurem politischen und geistigen Haupt werden. Im Reich des Heliogabal wird dieser Trick heuchlerisch »Gesetz über Interessenkonflikte« genannt.
19. Das Reich des Heliogabal ist die Verwirklichung eines Traums, der in Italien schon vor Jahren von Heliogabals Helfershelfern ersonnen wurde. Nehmt die Liste jener Kumpane zur Hand, betrachtet sie aufmerksam, vielleicht werdet Ihr Überraschungen erleben.
20. Ich erkläre die Ära des Verdachts für eröffnet.
21. Der von Heliogabals Helfershelfern ersonnene Plan hieß anders, doch können wir ihn heute »Plan für die Renaissance des Maulkorbs« nennen.
22. Aufgepaßt. Das Reich des Heliogabal ist mit Lehrern bestückt. Sie ermahnen die Schülerschaft: »Kinder, sprechen dürft ihr nur über edle, auserlesene Dinge. Gehabt euch ja nicht, über körperliche Bedürfnisse zu sprechen.

Der erste der verlangt, aufs Klo zu gehen, wird bestraft.«

23. Aufgepaßt. Mit der Kunst des Schweigens hat das Reich von Heliogabal von 1922 bis 1945 Bekanntschaft gemacht. Es ist eine alte, typische Praxis für jedes Regime. Sie heißt Praxis der duftenden Beeren. In Italien haben die Grammatiker der Duftbeeren damit begonnen, ihre Dekaloge aufzusetzen: »Dies ist literaturwürdig, dies ist nicht literaturwürdig.« Aufpassen, diese Grammatiker sind gefährlich: Indem sie willkürliche Hierarchien aufstellen, führen sie ein Zensurprinzip ein.
24. Ich erinnere mich an alles, was in der Nachkriegszeit und auch während des Kriegs in Italien geschehen ist. Die Republikaner waren Kollaborateure der Nazis. Sie töteten und sie folterten. Das weiß ich, davon weiß meine Familie. Wer jedoch behauptet, die »Jungs von Salò« hätten immerhin für die Ehre des Vaterlands gekämpft, der lügt. Dem muss man widersprechen. Um zu widersprechen, muss man den Mund aufmachen.
25. Im Reich des Heliogabal wird heute ein kluger Kopf gesucht, der uns eine Phänomenologie des Heliogabal liefern kann. An Stoff ist kein Mangel, angefangen bei Heliogabals selbstverlegter und an alle italienischen Haushalte versandter Fotobiographie im Mehrfarbendruck.
26. All diejenigen zum Teufel zu schicken, die Appelle an die Schweigsamkeit lieben oder ihren Pessimismus kultivieren, wäre zu einfach. Leider bin ich selbst pessimistischer, als es den Anschein hat: Ich bin ein Scheinoptimist. Ich bin ein bürgerlicher Intellektueller, vergebt mir. Das Wort ist mir wichtig.
27. Nicht nur den Schriftstellern will man in Italien jetzt den Mund stopfen. Mit Erde bedecken will man auch die Stimme der Geschichte.
28. Es schrieb der große Schriftsteller aus Prag: »Trost des Schreibens: das Hinausspringen aus der Totschlägerreihe«.
29. Mitbürger: Sprechen heißt, aus dem Kreise dessen herausspringen, der Euch erwürgen will.

30. Mitbürger im Reich des Heliogabal, die Ihr noch an das Wort glaubt. Euch wurde garantiert, daß es im Reich des Heliogabal einen Bürgen gibt, der garantiert, daß er die Gesetze des Heliogabal unterzeichnen oder auch nicht unterzeichnen kann. Doch wenn euer Mund danach mit Erde vollgestopft sein wird, seid ihr allein die Garanten eurer Stimme. Wenn der vermeintliche Gewährsmann das Gesetz des Heliogabal (oder ein ähnliches) unterzeichnen wird, bleibt euch noch eine Sache zu tun. Dazu appelliere ich an Euch und an alle, die noch an die menschliche Stimme glauben. Denn am Anfang war das Wort. Heliogabal will sich seiner bemächtigen. Es liegt an Euch, es nicht preiszugeben.

Aufruf:

Nehmen Sie ein Paßfoto, und versehen Sie es mit Namen und Adresse. Nehmen sie einen Filzstift und malen Sie Ihrem Foto einen Maulkorb um den Mund herum. Senden Sie es an den Präsidenten des Europarats (Europarat, Avenue de l'Europe, F-67075 Straßburg). Heliogabals Heerführer werden sagen, daß Ihr nur 700000 seid, wie sie es anläßlich der Demonstration am 23. März 2002 in Rom behauptet haben, als Ihr 3 Millionen wart. Ihr seid Millionen, denen von Heliogabal und seinen Garanten Maulkörbe angelegt wurden. Schauen wir, was das Vereinte Europa sagt, dessen Charta auf der Freiheit des Wortes beruht. Reden wir, Freunde, reden wir.

Tiziano Scarpa

Der ferne Kapitalismus

Tiziano Scarpa (geboren 1963) lebt als freier Autor in Mailand und seiner Geburtsstadt Venedig. Die Bücher des »Enfant terrible« der jüngeren Autorengeneration wurden bereits in viele Sprachen übersetzt, auf deutsch erschienen »Amore« und »Venedig ist ein Fisch«.

Eine in Italien unheimlich populäre Frau namens Vanna Marchi hat in den achtziger Jahren ein Vermögen gemacht, als sie im Fernsehen schlankmachende Algen verkaufte und dabei vom Bildschirm aus fette Menschen beleidigte. Zusammen mit ihrer Tochter ist sie vor einigen Monaten verhaftet worden. Für wenige Euro bot sie Glückszahlen im Lotto an: Natürlich gewannen die Leute mit den gekauften Zahlen nicht und riefen dann erbost bei ihr an, um sich zu beschweren. »Was denn, Signora, Sie haben nicht gewonnen? Das gibt's doch nicht! Dann muß Sie jemand mit dem bösen Blick verhext haben. Sie müssen unbedingt unser wundertätiges Salz kaufen – Ihre Familie ist in Gefahr!« Sie nutzte die Gutgläubigkeit und die psychologische Schwäche ihrer Fernsehzuschauer (und das heißt vor allem: Fernsehzuschauerinnen) aus, beschwor immer größere Familientragödien herauf und bediente sich skrupelloser Geldeintreiber, um schließlich ein beeindruckendes Vermögen zusammenzuraffen. Eine Zuschauerin machte 300000 Euro Schulden, um die Befreiungsriten des »Maestro di vita do Nascimiento« zahlen zu können. Dieser Brasilianer tauchte im Fernsehen zusammen mit Vanna Marchi auf und behauptete, übernatürliche Kräfte zu besitzen. Eine fünfzigjährige Hausfrau gab bei der Polizei zu Protokoll, sie habe angefangen, auf den Strich zu gehen, um die Fernsehverkäuferin bezahlen zu können.

Geliebt zu sein, gewollt zu sein, nur das
alleine zählt im Leben: nicht zu lieben
oder gar zu wollen. Mein Onkel
hat sich umgebracht: alles, was er sparte
(dreißig Jahre lang Elektriker, in einer
Lebensmittelfirma Chiari & Forti,
in der Stadt Silea, bei Treviso),
ging schließlich drauf beim Kauf von Grund und Boden,
den es schön billig in Rumänien gab
(den ersten Supermarkt in Bukarest
hat damals unsre Lira euch spendiert).
Mein Onkel war katholisch, Junggeselle,
gewerkschaftstreu, und häuslich auch dazu,
denn er paßt' auf meine Oma (seine
Mutter) auf, draußen auf dem Land.
Tragödien in Venetien, scheint mir oft,
tendieren stets zu großem Pathos.
Kennt ihr noch den Mann mit Namen Giorgio
Mendella, der so furchtbar häßlich war?
Nachts, da taucht' der auf, im Fernsehkanal
zwischen Mösen hier und Möpsen dort.
Rumänien verkaufte er Italien,
und in Viareggio beim Fernsehfest,
(das war neunzehnhundertdreiundneunzig...)
hat er triumphiert. Im Fernsehn, nachts,
versprach er seinen Fans immensen Gewinn.
Kürzlich wusch er sich vom Vorwurf rein,
er gehöre einer Bande an.
Die Klage auf Betrug, den
er verübt hat, verjährt.
Auf sein Konto geht – nun ist er flüchtig –
der Bankrott der Holding Intermercato.
Mein Onkel fragte mich: »Hilfst du mir
beim Streichen dieses alten Gartenzauns?«
»Aber Onkel! Siehst du nicht den ganzen Rost?
Schmeiß ihn weg und kauf dir einen neuen!«

Als wir ihn dann fanden, im Fiat Ritmo, in der
Garage, ist uns schließlich klargeworden:
Er hatte keine Lira mehr, für'n Zaun nicht
und fürs Leben nicht. (Begehst du Selbstmord,
so tu dies nie durch Auspuffgase:
das Gesicht schwillt auf wie ein pralles Steak,
halb roh und halb gekocht, das Blut entflieht,
es will den qualvoll erstickenden Körper verlassen,
gerinnt in einer Wange, zwängt sich mühsam
hinein ins Auge, bis dieses schließlich zerplatzt).
Das Fernsehn hat ihn umgebracht, den Onkel.
Das Fernsehn hat nur Geld von ihm verlangt,
Und er? Er gab ihm auch das Leben. Dennoch
begreif ich sie, die Hausfrau, die mit fünfzig
anfing, auf den Strich zu gehn, wie sonst
sollte sie die Schulden zahlen bei Vanna Marchi
und beim dunklen Magier do Nascimiento
(das Fernsehn gibt die Lottozahlen aus,
es heilt von bösen Blicken dich gewiss,
bringt dich vor allem aber dazu, erschöpft
nächtens fremde Männer leerzusaugen.)?
Wer begriffe nicht die Leute, die ihn
wählten, den Padrone halb Italiens?
Kommt es im Leben doch drauf an,
einen zu finden, der dein armes Leben will.
Silvio Berlusconi, ja, du willst mich,
läßt mich fühlen, daß ich Winzling
dir was geben, dir genehm sein kann!
Mafia, Papst und Samstagabendshow,
Firmenchefs im Norden und Ferrari,
Werbung, Fußball und das Festival
von San Remo – alle wolln sie mich.
Die Macht will mich, ja mich alleine, MICH!
Nur das Leben will mich häufig nicht.
Will dich keiner, hörst du auf zu leben.
Wolltet ihr mich haben, Kommunisten?

Wolltet ihr mich wohl, ihr Demokraten
links der Mitte? Zeigt ihr mir's denn gar
mit allen euren Kräften, so wie ER
(der tausendmal beweist mir seine Liebe)
mir täglich zeigt wie sehr er mich begehrt
und liebt, der gute Silvio Berlusconi?
Rumänien bin ich, nach dem Untergang
der Sowjetunion. Göttlich: lauter
Gelder aus dem Ausland, herrlich ist es,
so begehrt zu sein! Und da erstrahlt
in hellem Glanz nun jener Supermarkt,
neu eröffnet drin in meinem Herzen.

»Wenn Berlusconi Titten hätte, würde er auch noch als Fernsehansagerin auftreten.«

Enzo Biagi, vor der Wahl vom Mai 2001

Nicola Tranfaglia

Informationsmedien

Nicola Tranfaglia ist Professor für europäische Geschichte und Dekan der philosophischen Fakultät der Universität Turin. Er schreibt regelmäßig Leitartikel für die Tageszeitung »L'Unità«. In Italien erschien von ihm zuletzt »L'Italia repubblicana e l'eredità del fascismo«.

Vor dem 13. Mai

Vielleicht ist es angesichts der gegenwärtigen Entwicklungen kein Zufall, daß in dem Regierungsentwurf für eine Legislaturperiode, den Silvio Berlusconi vor den Wahlen geschrieben und auf der Internetseite von Forza Italia und überall sonst verbreitet hat, über die Massenkommunikationsmittel und über das System der Medien in Italien kein einziges Wort verloren wird.

Auf den fünfundsiebzig, mit Tabellen und Landkarten versehenen Seiten dieses Entwurfs wird absolut nichts darüber gesagt, daß Monopole und Oligopole in Italien die Wettbewerbsbedingungen zwischen den Fernseh- und Presseanstalten verzerren und damit die Informationsfreiheit beeinträchtigen: für den Premierministerkandidaten des Bündnisses Casa delle Libertà und derzeitigen Ministerpräsidenten gibt es kein Problem, das gelöst werden müßte.

Und eben darum gibt es auch keine Ziele, die zu verfolgen sind, oder, wenn es sie gibt, ist es wahrscheinlich opportun, sie weder den Wählern noch den anderen politischen Kräften bekanntzugeben.

Ich neige zur zweiten Hypothese und stütze mich auf konkrete Fakten: Schon in den ersten hundert Tagen der Ära Berlusconi haben sich einige Dinge verändert, andere sind im Begriff, sich zu verändern.

An diesen Veränderungen lassen sich mit einiger Klarheit die unausgesprochenen, oder man könnte auch (zumindest im Moment) sagen, heimlichen Ziele im Wahlprogramm des Cavaliere erkennen.

Eine unverzichtbare Hilfe zum Verständnis der italienischen Medienlandschaft bietet meiner Ansicht nach der erste Jahresbericht über die Nutzung der Massenmedien in Italien. Das italienische Sozialforschungsinstitut CENSIS hat den Bericht, der das bestehende Informationsangebot und die Mediennutzung italienischer Familien untersucht, in Zusammenarbeit mit der katholischen Pressevereinigung Italiens im Juli 2001 veröffentlicht.

Der Jahresbericht beleuchtet zwei widersprüchliche Aspekte der Situation, die zusammengenommen recht aufschlußreich sind: Einerseits ist die Versorgung der italienischen Haushalte mit alten und neuen Medien gut; in 98 Prozent aller Haushalte finden sich Fernsehgeräte, in 95 Prozent Radiogeräte; doch in bemerkenswertem Umfang sind auch Bücher (77 Prozent), Zeitungen (71 Prozent), Zeitschriften (59 Prozent), Videorecorder (73 Prozent) und vor allem Mobiltelefone (85 Prozent) vorhanden.

Andererseits aber geht aus dem Bericht »kein entsprechend häufiger und vielfältiger Gebrauch der verschiedenen Medien hervor«, wenn man das Fernsehen ausnimmt, das zu einem sehr hohen Prozentsatz genutzt wird (95,8 Prozent).

Die Erklärung für diesen im Vergleich zum Fernsehen auffällig selteneren Gebrauch aller anderen Medien liegt nach Meinung der Verfasser der Studie nicht in den praktischen Schwierigkeiten mit den technologischen Neuerungen, die das eine oder andere Medium bereiten mag, sondern eher »in den kognitiven und sprachlichen Fähigkeiten, die ihr Gebrauch erfordert«[1]. Gebildetere Leser mit einem höheren Schulabschluß, der die angesprochenen Fähigkeiten fördert, lesen also zu einem höheren Prozentsatz Bücher und Zeitungen, während es denjenigen, die fast ausschließlich das Medium Fernsehen nutzen, häufig an diesen Fähigkeiten mangelt.

Das bedeutet jedoch auch, daß das Fernsehen gerade für die Zuschauer, die aufgrund ihres niedrigen Bildungsstandes weniger Möglichkeiten haben, der allgegenwärtigen Manipulation und Propaganda im Medium des Fernsehens etwas entgegenzusetzen, zum bevorzugten und faktisch einzigen Mittel der politischen Information wird.

Wenn man außerdem daran erinnert, daß noch heute 24 Millionen Italiener höchstens über einen Grundschulabschluß verfügen, daß es immer noch 1,2 Prozent Analphabeten gibt und 6 Millionen Italiener noch nicht einmal die Grundschule abgeschlossen haben, erhält man ein genaueres Bild der derzeitigen Bildungssituation in unserem Land.

Die Neuerungen des letzten Jahrzehnts: Fernsehpolitik und Interessenkonflikt

»Im europäischen Vergleich«, schrieb Vittorio Roidi in seinem jüngst erschienen Buch über die *Fabbrica delle notizie,* die »Nachrichtenfabrik«[2], »sind wir Italiener die eifrigsten Fernsehkonsumenten und die schlechtesten Zeitungsleser. Jeder Italiener verbringt im Durchschnitt täglich 3 Stunden und 16 Minuten vor dem Fernseher, die Engländer, Deutschen und Franzosen dagegen 3 Stunden, die Schweizer 2 Stunden und 6 Minuten und die Tschechen 2 Stunden und 2 Minuten«.

Berücksichtigt man außerdem, daß aus dem Bericht des CENSIS eine klare Trennung zwischen den Italienern hervorgeht, die sich ausschließlich durch das Fernsehen informieren lassen, und denen, die auch weiterhin fleißig Zeitungen und Bücher lesen, darf man vermuten, daß der Fernsehkonsum der ersten Gruppe noch weit höher liegt als der für die Gesamtbevölkerung angegebene Durchschnittswert.

Angesichts dieser Situation müssen wir uns also vor allem mit dem Fernsehen als Informationsmedium befassen, da es in quantitativer Hinsicht den wichtigsten Kanal darstellt, auf dem Nachrichten und Kommentare übermittelt werden.

Peppino Ortoleva hat deutlich gemacht, wie instabil die Situation einerseits durch den 1990 mit dem in der Legge

Mammì ausgehandelten Kompromiß geworden ist, und daß andererseits im letzten Jahrzehnt einige der Veränderungen ausgeblieben sind, die viele Beobachter vorausgesehen hatten. Die im Zusammenhang mit dem technischen Fortschritt der Telekommunikation erwarteten Veränderungen sollten in einer Einschränkung der zentralen Rolle des Fernsehmediums, in der zügigen Entwicklung eines alternativen Fernsehangebots zum Oligopol des Satellitenfernsehens und in der notwendigen Diversifikation des Programmangebots des öffentlich-rechtlichen Fernsehens RAI und der Privatsender von Berlusconis Mediaset bestehen[3].

In Italien, bemerkt Ortoleva, »hat das Medium Fernsehen seine zentrale Stellung im Mediensystem mitnichten verloren, sondern breitet sich, im Gegenteil, stärker als je zuvor systematisch auf den Seiten der Zeitungen und denen des Internets aus; einige der erfolgreichsten Webseiten in Italien beziehen sich auf Fernsehsendungen mit großem Publikumszuspruch«[4].

Dies ist die Situation, die unser Land seit den neunziger Jahren bis heute, zu Beginn des 21. Jahrhunderts, charakterisiert: durch den Eintritt Silvio Berlusconis, dem Besitzer eines der beiden Fernseh-Oligopole, haben sich die Schwierigkeiten der RAI, die jetzt noch mehr als bisher politischem und wirtschaftlichem Druck ausgesetzt ist, zu einer chronischen Krise ausgeweitet. Dies sind die zwei Seiten ein- und derselben Realität.

Im übrigen ist gerade die Anwesenheit Silvio Berlusconis im italienischen Parlament als Parteichef von Forza Italia und Führer der Mitte-Rechts-Koalition ein entscheidender, wenngleich nicht der einzige Grund dafür gewesen, daß es in den letzten sieben Jahren nicht zu jener radikalen Reform gekommen ist, mit der das bestehende Zweiermonopol aufgehoben werden sollte.

Man darf dabei natürlich nicht vergessen, daß das Mitte-Links-Bündnis, da es in den letzten fünf Jahren über die Mehrheit der Sitze verfügte, im Parlament ein Gesetz über den eindeutigen Interessenkonflikt des Cavaliere hätte verabschieden können und müssen. Er wäre dann gezwungen gewesen, den Besitz und die Kontrolle von Mediaset aufzugeben. Doch genau das ist nicht geschehen, und als die Parlamentswahlen im Mai nahten, war die Situation zunehmend verfahren (siehe Sartori, Seite 49ff.).

Der folgenreichste Fehler, den die vier Mitte-Links-Regierungen begangen haben, die in den letzten fünf Jahren an der Macht waren, erklärt sich nicht nur durch Trägheit oder durch die wiederholten Versuche, mit dem Polo der Mitte-Rechts-Gruppierungen zu einem Ausgleich zu kommen (die Arbeiten der Bicamerale 1997–1998 waren der wichtigste öffentlich sichtbare Ausdruck dieser Versuche), sondern auch damit, daß die politische Führungsschicht diese Zeit offenbar eher dazu benutzt hat, selber politischen Druck auf die RAI auszuüben, in der Annahme, so könnte sie dem Gewicht von Mediaset entgegenwirken.

Und so ist die RAI den privaten Fernsehkanälen immer ähnlicher geworden, ist sie doch mittlerweile gezwungen, mit exzessiver Werbung ihre Haushaltsbilanz zu retten. Außerdem bereitet sie sich darauf vor, in wenigen Monaten (wahrscheinlich im Februar 2002) von einem neuen Verwaltungsrat geleitet zu werden, in dem Mitglieder, die der gegenwärtigen Parlamentsmehrheit angehören und damit dem Oberhaupt der Exekutive verpflichtet sind, die Mehrheit stellen werden. Das war allerdings auch schon beim vorhergehenden Verwaltungsrat der Fall, der über eine Mehrheit von Gewährsmännern des Mitte-Links-Bündnisses verfügte.

Im übrigen haben die Ergebnisse der Wahlen vom 13. Mai bereits jetzt zu einigen Veränderungen in der Beziehung zwischen der RAI und der Politik geführt, die aufzuzählen sich lohnt.

In den Jahren der Mitte-Links-Regierung hatte man die drei staatlichen Fernsehsender sozusagen aufgeteilt, wobei der Opposition des Mitte-Rechts-Bündnisses die Nachrichtensendungen TG2 des zweiten Kanals und der Regierung die TG1 und TG3 des ersten und dritten Programms der RAI überlassen wurden. Die Programmdirektoren der Fernsehsender waren Gewährsmänner der Regierungsmehrheit, während die Leiter der Rundfunksender in einigen Fällen die Politik der oppositionellen Minderheit vertraten.

Doch unmittelbar nach den Wahlen änderte die Nachrichtensendung TG1 ihren Kurs und paßte sich der neuen Regierung an, so daß der Kanal Raiuno wieder unter die Kontrolle des Mitte-Rechts-Bündnisses geriet.

Außerdem bekam die Politik im Fernsehen noch größeres Gewicht, als sie ohnehin schon durch den außerordentlich breiten Raum besaß, den wiederum Raiuno der Talkshow »Porta a Porta« (Tür an Tür) des Nachrichtenmoderators Bruno Vespa verschafft hatte. Dank seiner Bekanntschaften und seines Einflusses konnte der Journalist an vier oder fünf Abenden in der Woche mindestens zwei Stunden lang mit den wichtigsten Vertretern der entgegengesetzten parlamentarischen Gruppierungen über aktuelle politische Probleme sprechen.

Vespa heuchelte in seiner Sendung eine nicht vorhandene Unparteilichkeit und nutzte seine langjährige Erfahrung als Fernsehmoderator, um die Vertreter des Mitte-Links-Bündnisses anzuklagen und die Politiker der rechten Mitte, die übrigens in den meisten Fällen inzwischen Minister oder Vorsitzende von Parlamentsausschüssen geworden sind, dagegen in ein gutes Licht zu rücken.

Die Sendung hat sich nach den Wahlen zu einer Art festem Treffpunkt in der ersten oder zweiten Abendhälfte verwandelt. Scheinbar geht es ihr darum, die wichtigsten politischen Tagesnachrichten durch Reportagen aus dem In- und Ausland oder durch Interviews zu vertiefen, die Vespa und seine zahlreichen Mitarbeiter zwar schon vor der Sendung aufgenommen haben, die aber im Grunde alle so angelegt sind, daß sie erst im Fernsehstudio durch die Gegenüberstellung unterschiedlicher Positionen ihren Abschluß finden. In dieser Auseinandersetzung hat der Journalist mit bewährter

Geschicklichkeit die Rolle des Schiedsrichters gegen die des Spielers ausgetauscht, und befindet sich eindeutig im Vorteil gegenüber dem, der seine Meinung, das heißt, die der Mitte-Rechts-Regierung, nicht teilt.

Das politische Magazin, das Michele Santoro auf dem zweiten Kanal Raidue moderierte, hat dagegen in demselben Zeitraum nach den Wahlen sehr viel weniger Zeit und Sendetermine zur Verfügung gehabt, ja, wurde sogar viele Wochen lang ausgesetzt.

Die Sendung »Il fatto« (Die Tatsache) der grauen Eminenz des italienischen Journalismus, Enzo Biagi, ist mit ihren sich kreuzenden Interviews und den bündigen Kommentaren des Journalisten zwar recht wirkungsvoll, kann sich aber wegen ihrer Dauer von knapp fünf Minuten keinesfalls mit dem Einfluß einer Talkshow im Riesenformat wie der von Vespa vergleichen (siehe Nachtrag, S. 128 ff.). Vespas Sendung ist, wie gesagt, ein Anzeichen dafür, daß die RAI schon jetzt nach feudalistischen Kriterien organisiert wird, während man auf jene grundlegende personelle Umstrukturierung wartet, bei der Vertrauensleute der Regierungsmehrheit oder Personen eingesetzt werden sollen, die in der Auseinandersetzung der beiden politischen Lager eine relativ ausgeglichene, mittlere Position vertreten, wie der populäre Showmaster Pippo Baudo[5].

Der wichtigste Aspekt an der Herrschaft des Fernsehens, die Giovanni Sartori sehr scharfsinnig analysiert hat[6], und des außerordentlich starken Einflusses, den das Fernsehmedium auf die große Mehrheit der Italiener ausübt, betrifft jedoch nicht nur Sendungen mit unmittelbar politischem Inhalt. Wie Medienforscher übereinstimmend berichten, sind es vor allem Sendungen wie Fernsehfilme, Seifenopern, Quizsendungen, also der größte Teil des derzeitigen Programmangebots, über die das Fernsehen entscheidende Wirkungen ausübt.

Diese Art von Sendungen nämlich vermittelt den Zuschauern, vor allem den besonders passiven unter ihnen, eine Lebensauffassung und einen Lebensstil, die zunächst ihr Alltagsleben und dann auch wichtigere Entscheidungen beeinflussen.

Und gerade auf diesem Gebiet hat das Programmkonzept der Mediaset-Sender in der ersten Zeit breite Zuschauermassen erobert, hat dann auch bei der RAI die Oberhand gewonnen und sich schließlich fortschreitend in allen Fernsehsendern Italiens ausgebreitet.

Kennzeichnend für dieses Modell ist eine Modernität etwa im Sinne des amerikanischen *way of life* (mit dem Unterschied, daß es in den Vereinigten Staaten eine solide demokratische und staatsbürgerliche Tradition gibt, an der es Italien aus oft benannten historischen Gründen mangelt), die sich durch einen hochgradig individualistischen Lebensstil auszeichnet, einem von nicht allzuviel Nachdenken beschwerten Leben auf der Suche nach Erfolg, Reichtum oder wenigstens Abenteuern. Von der Politik und den Problemen, die das Gemeinwesen betreffen, ist dieser Lebensstil weit entfernt, er konzentriert sich ganz auf die privaten Seiten des Daseins, und fast immer leben die Figuren, die ihn repräsentieren, in einem imaginären und nicht eindeutig zu identifizierenden Land.

Man könnte sogar sagen, daß der Inhalt all dieser Geschichten und Schicksale, die in diesen Sendungen erzählt werden, vollkommen unwichtig ist: entscheidend ist, daß es um persönliche und familiäre Schicksale geht, anstatt um eine Geschichte, die über individuelle Fälle hinausreicht, umfassendere Probleme anspricht und Werte ins Spiel bringt, die die in diesen Sendungen dargestellte kleine Welt überschreiten.

Tausend Tricks, um Leser oder Zuschauer zu manipulieren

Es wirft ein erhellendes Licht auf die ersten hundert Tage Berlusconi-Regierung, wenn man an einigen Beispielen zeigt, welche Tricks die Massenmedien nach dem Wahlsieg der Casa delle Libertà angewendet haben, um Nachrichten zu unterdrücken, die der Exekutive mißfallen hätten, oder um Nachrichten so zu präsentieren, daß dem Leser ihre volle Bedeutung verschlossen bleiben mußte und statt dessen Einzelheiten hervorzuheben, mit denen die Kräfte, die eine direkte oder indirekte Kontrolle über die Berichterstattung ausüben, ein positives Bild abgeben.

Aus einigen dieser Beispiele gehen sogar unausgesprochene Regeln hervor, die alle zusammengenommen eine Art kleines Handbuch bilden würden, das man schon in Kürze zusammenstellen und eventuell an die Medienarbeiter verteilen könnte, um ihnen Schwierigkeiten mit den Besitzern, den Verlegern und Programmdirektoren und mit all jenen zu ersparen, die in einem bestimmten Moment die politische Macht innehaben.

Beginnen wir mit der Geschichte vom »Haushaltsloch«. Schon am 26. Juni 2001 tritt Antonio Fazio, der Präsident der Banca d'Italia, der in den fünf Jahren Mitte-Links-Regierung eine Position relativer Neutralität eingehalten hatte, so daß der eine oder andere besonders unbedachte Vertreter der Linken ihn bei den kommenden Parlamentswahlen sogar schon als Kandidaten für das Amt des Koalitionsführers sehen wollte, mit einer im Fernsehen und in den Zeitungen wiedergegebenen Erklärung an die Öffentlichkeit, der zufolge es ein Haushaltsdefizit von etwa 50.000 Milliarden Lire gebe.

Doch er kann noch übertroffen werden, und das übernimmt am 11. Juli in der Nachrichtensendung TG1 der Wirtschaftsminister Giulio Tremonti, der unter großzügiger Nutzung der Sendezeit, die ihm im öffentlich-rechtlichen Fernsehen zur Verfügung steht, ein Defizit ankündigt, das sich auf sechzigtausend Milliarden Lire zu bewegt.

Vergeblich wartete man darauf, daß im Fernsehen oder in einer der großen Zeitungen jemand auf die bereits veröffentlichten Daten verwies, mit deren Hilfe man diese Zahlen in Zweifel hätte ziehen können, die für das geplante Finanzgesetz dann auch prompt auf weniger als zwanzigtausend Milliarden sinken mußten. Die eigentlich berechtigten Hoffnungen auf einen Enthüllungsjournalismus alter englischer Prägung waren nutzlos; die Medien haben weder durch die Fragen, die dem Minister bei dieser und bei nachfolgenden

Gelegenheiten gestellt wurden, noch durch die Zeitungsartikel, die sich mit dieser Episode beschäftigten, gezeigt, daß sie den leisesten Zweifel an diesen Einschätzungen hegten.

Noch interessanter ist, daß sich, als das »Loch« dann allmählich schrumpfte, weil die Verabschiedung des Finanzgesetzes näher rückte, keiner der Journalisten der auflagenstärksten und angesehensten Tageszeitungen auch nur einziges Mal die Mühe gemacht hat, die Leichtfertigkeit zu kommentieren, mit der die hochrangigsten Autoritäten in einer solchen Sache, nämlich der Wirtschaftsminister und der Präsident der Nationalbank bei den Italienern fast eine Panik ausgelöst hätten, als sie die nunmehr unvermeidlichen Opfer ankündigten – die natürlich nicht von derzeitigen Regierung, sondern von den vorhergehenden Mitte-Links-Regierungen, die ihre Macht soeben verloren hatten, verschuldet waren.

Ich erinnere mich nur an einen Leitartikel von Eugenio Scalfari in der »Repubblica«. Scalfari übt seit dem Sieg des Mitte-Rechts-Bündnisses in der von ihm gegründeten Zeitung offen und unbeirrt Kritik an den Entscheidungen der neuen Regierung. Doch bis jetzt ist der ehemalige Direktor der »Repubblica« bei dieser Aufgabe fast immer ganz auf sich gestellt und manchmal nur in Gesellschaft von sehr wenigen Gleichgesinnten gewesen.

Ein zweites, sehr aufschlußreiches Beispiel betrifft die Auseinandersetzungen vom 20.–22. Juli während des G8-Gipfeltreffens in Genua. Ich spreche hier nicht von der Berichterstattung über diese Tage, obwohl gerade auch diese viele Beispiele für das Verschweigen oder die Manipulation von Nachrichten geboten hat, wie aus zahlreichen Zeugenaussagen hervorgeht, die sich inzwischen in Videofilmen und Büchern niedergeschlagen haben.

Eingehen werde ich auch nicht auf das sonderbare Verhalten der RAI, die zunächst ankündigt, sie wolle einige Videos ausstrahlen, die Demonstranten während des Gipfels gedreht haben, und diese Entscheidung dann rückgängig macht, ohne in irgendeiner Form Gründe dafür anzugeben.

Ich beziehe mich dagegen auf eine konkrete Begebenheit, bei der es um die Ermittlungen geht, die der Innenminister Scajola wegen des starken Drucks der Opposition und der öffentlichen Meinung schließlich gegenüber einigen Polizeifunktionären einleiten muß, die in Genua dabei waren: Am 2. August werden der Leiter der Abteilung für Terrorismusbekämpfung Arnaldo La Barbera, der stellvertretende Polizeichef der G8-Schutztruppe Ansoino Andreassi und der Polizeipräsident von Genua Francesco Colucci ihrer Ämter enthoben. Zeitungen und Fernsehen berichten ausführlich über das Ereignis und bringen weitschweifige Kommentare über die entschlossenen Reaktionen der Regierung auf die Ereignisse der vergangenen Wochen.

Nun, einige Monate später, im November, werden La Barbera und Andreassi von der Regierung in neue Ämter eingesetzt, die nicht weniger angesehen und bedeutend sind als die vorhergehend. Dieses Mal wird die Nachricht von den Tageszeitungen und dem Fernsehen so dargestellt, als hätte es keine Vorgeschichte gegeben und als wären die gleichen Personen nicht wegen der Ereignisse von Genua aus ihren früheren Ämtern entfernt worden wären. Und auch dieses Mal gibt es niemanden, weder auf dem Fernsehbildschirm, noch auf den Zeitungsseiten, der die Widersprüchlichkeit in den Handlungen der Regierung aufzeigt: Von Anfang an hat diese Regierung nämlich, wer weiß aus welchem Grund, einige der Personen verschont, die unmittelbar für die nächtliche Durchsuchung der ehemaligen Diaz-Kaserne verantwortlich sind, darunter sogar den ranghöchsten Hauptverantwortlichen für die ganze Operation, den nationalen Polizeichef De Gennaro.

Das dritte Beispiel ist das Problem des Interessenkonflikts. Am 25. Mai 2001 schreibt Giovanni Sartori in einem Leitartikel des »Corriere della Sera«, daß es eine Lösung des Interessenkonflikts nur dann geben kann, wenn Berlusconi seine Unternehmen, und zwar vor allem seine Fernsehsender verkauft. Daraufhin meldet sich der Minister für öffentliche Aufgaben Franco Frattini zu Wort und erklärt, wobei er offenbar vergessen hat, daß er Jurist ist, schließlich habe die Mehrheit der Italiener für Berlusconi gestimmt, weshalb das Problem inzwischen zweitrangig geworden sei. In jedem Fall, so bekräftigt er dann noch einmal, sei im Programm, das der Ministerpräsident für die ersten hundert Tage seiner Regierung verfaßt habe, ein Gesetzentwurf vorgesehen, der den Konflikt lösen werde.

Die hundert Tage verstreichen, es vergeht noch viel mehr Zeit, doch der Interessenkonflikt in seiner ganzen undemokratischen Ungeheuerlichkeit besteht immer noch.

Gegen Ende der Sommerpause legt Frattini selber einen Gesetzentwurf vor (siehe Seite 58 f.).

Nun, auch angesichts dieses Problems, sicherlich eines der heikelsten der neuen Exekutive (Berlusconi seinerseits hat angekündigt, daß Frattinis Gesetzentwurf nach der Verabschiedung des Finanzgesetzes im Parlament diskutiert werden soll, wobei er allerdings vergessen hat, genauer anzugeben, wann, ob einen Monat, ein Jahr oder noch später), haben die Massenmedien, mit Ausnahme von Sartori und Scalfari, geschlossen geschwiegen: kein Wort über die Reaktionen anderer europäischer Länder, über die Schwächen (eine großzügige Bezeichnung) von Frattinis Projekt, über das Verstreichen der Hundert-Tage-Frist des Cavaliere, über die andauernde Ungewißheit darüber, wann der Entwurf diskutiert werden soll.

Dieses Thema ist, wie viele andere, ein echtes Tabu für die Fernsehanstalten und die Zeitungen der Republik geworden.

Ich könnte mit vielen anderen Beispielen fortfahren, vor allem mit solchen, die Beweise dafür liefern, daß Nachrichten, die den politisch und wirtschaftlich Mächtigen nicht genehm sind, verschwiegen werden, doch dazu wird es in Zukunft noch andere Gelegenheiten geben.

Eines steht schon jetzt fest: wenn die öffentlich-rechtlichen Fernseh- und Rundfunkanstalten in Kürze mit Sack und Pack unter die Kontrolle der Regierung Berlusconi gebracht werden, ist der Gang in eine faktische Mediendiktatur, die sich hauptsächlich auf die TV-Sender stützen kann, der aber auch in der Presse wenige Alternativen mit zumeist nur geringer Verbreitung entgegenstehen, abgeschlossen.

Der Artikel 21 der Verfassung ist in Gefahr. Ob die Italiener das früher oder später bemerken werden, ist nicht sicher.

Nachtrag (Mai 2002):

Ein Jahr nach der Machtübernahme Berlusconis kann man eine erste Bilanz der Situation ziehen, die in den italienischen Informations- und Kommunikationsmedien entstanden ist.

Deutlich zeigt sich, daß die Regierung keinerlei Eile hat, das Problem des Interessenkonflikts des Ministerpräsidenten, der in Bereichen wie dem Fernsehen, der Presse und im Verlagswesen besonders schwer ins Gewicht fällt, endlich zu lösen.

Dem Gesetzentwurf Frattinis zufolge, der gegenwärtig im Senat diskutiert wird (und am 4. Juli 2002 verabschiedet wurde; Anm. d. Hrsg.), existiert weder eine Nichtvereinbarkeit zwischen dem Amt des Regierungschefs und dem Besitz privater Fernsehsender sowie der Kontrolle über die öffentlich-rechtlichen Sendeanstalten, noch erscheint es notwendig, Medien aus dem Privatbesitz zu verkaufen, um den Interessenkonflikt aufzuheben. Der Entwurf beschränkt sich darauf, dem Ministerpräsidenten zu verbieten, Führungsaufgaben innerhalb seines Unternehmens zu bekleiden, und weist auf die Möglichkeit von Sanktionen hin, falls ein eigens eingesetzter Ausschuß das Auftreten von Interessenkonflikten feststellt.

Unter diesen Umständen kann die Situation sich nur noch verschlechtern, da niemand in der Lage ist, den Ministerpräsidenten daran zu hindern, sowohl das private als auch das öffentlich-rechtliche Fernsehen zu kontrollieren.

Da auch politische Kräfte des oppositionellen Lagers dem Verfahren zugestimmt haben, mit dem nunmehr die Mitglieder des Verwaltungsrates der RAI ernannt werden, verfügt der Verwaltungsrat jetzt über eine sichere Mehrheit von Gewährsleuten des Regierungschefs, während eine Minderheit aus zwei Ratsmitgliedern der Opposition verbunden sind.

Dank dieses Verfahrens konnte die parlamentarische Mehrheit der Casa delle Libertà und ihrem Koalitionsführer Berlusconi die Spitzenpositionen der RAI problemlos mit Programmdirektoren besetzen, die der Regierung zum größten Teil wohlgesonnen sind. Für die Opposition wurde eine kleine Nische geschaffen, wobei es freilich dem Generaldirektor überlassen bleibt, mit allen nur möglichen Maßnahmen jeden nicht vom Ministerpräsidenten kontrollierten Raum noch weiter einzuschränken.

So konnte es geschehen, daß schon nach wenigen Monaten zwei der bekanntesten italienischen Medienpersönlichkeiten wie der Journalist Enzo Biagi und der Moderator Michele Santoro, der vielen Sendungen mit politischen Debatten zu großem Erfolg verholfen hat, zunächst von den Vertretern der Regierungsmehrheit heftig angegriffen und dann aus der Programmplanung der RAI entfernt wurden. Das zeigt, daß die unumschränkte Macht, die er über praktisch alle Programme des öffentlich-rechtlichen Fernsehens ausübt, dem Regierungschef noch nicht ausreicht, und daß er meint, auch noch die wenigen Sendungen, die nicht auf seine Politik eingeschwenkt sind, abschaffen zu müssen. Im übrigen sollen mit dem Angriff auf Biagi und Santoro sicherlich auch jene Journalisten eingeschüchtert werden, die zwar keine wichtigen, erfolgreichen Sendungen machen, sich aber bis jetzt geweigert haben, eine opportunistische Haltung totaler Anpassung gegenüber der Politik der Berlusconi-Regierung einzunehmen.

Es gibt eine weitere Begebenheit, die zeigt, wie ungehalten der Führer der Casa delle Libertà auf jeden Widerspruch oder jede Haltung reagiert, die sich seinen Ansichten nicht mindestens völlig unterwirft.

Dabei geht es um die meistgelesene italienische Tageszeitung, den »Corriere della Sera«. Die Zeitung befindet sich derzeit im Besitz von Cesare Romitis Konzern RCS, der in der letzten Zeit über einige, von anderen Gesellschaften der Firmengruppe verursachte finanzielle Schwierigkeiten klagte. Vor wenigen Wochen wurde die Nachricht verbreitet, daß der

Unternehmer Salvatore Ligresti die Absicht habe, ein Aktienpaket des Konzerns in einer Größenordnung zu kaufen, die ihm Kontrollmöglichkeiten eröffnet. Da Ligresti, wie alle wissen, dem Ministerpräsidenten nahesteht, könnte dieser Aktienkauf den »Corriere della Sera« direkt in den Einflußbereich des Cavaliere bringen. Der von Romiti selbst ausgegebene Warnruf hat zu einer Erstarrung der in der Zeitung vertretenen Positionen geführt: einem politischen Standort, an dem das Mitte-Rechts-Bündnis grundsätzlich dem anderen Lager vorgezogen wird.

In dem einen Jahr, in dem die Regierung Berlusconi sich fest etablieren konnte, hat der Opportunismus der Fernseh- und Zeitungsberichterstattung tatsächlich stark zugenommen. Auch Tageszeitungen, die dem Regierungschef früher distanziert gegenüberstanden, wie das Turiner Blatt »La Stampa«, haben ihre Haltung geändert, und sogar »La Repubblica« zeigt nun neben Artikeln, die den Ministerpräsidenten angreifen, in anderen Beiträgen größere Vorsicht und hebt Positionen, die sich der Regierung offen widersetzen, immer seltener hervor.

In den letzten Monaten hat es ungeheure Fauxpas bei den Fernsehsendern und größten Tageszeitungen gegeben, wie zum Beispiel den Versuch, das Lob der internationalen Rating-Agentur Moody's für die Sanierung der Staatsfinanzen durch die Mitte-Links-Regierungen in der zweiten Hälfte der neunziger Jahre, als Eloge auf die derzeitige Wirtschafts- und Finanzpolitik der Regierung Berlusconi auszugeben.

Die Beispiele für eine derartige Anpassung – um einen euphemistischen Begriff zu gebrauchen – sind sehr zahlreich und täglich gibt es mehr davon, doch das Problem betrifft nur zum Teil das Berufsethos der Journalisten. Seine Wurzeln liegen in den Besitzverhältnissen bei den Massenmedien und in dem ebenso wichtigen Umstand, daß es Industriekonzerne statt Verlagshäuser sind, die die Kontrolle über wichtige Publikationsorgane ausüben.

Mario Fortunato

Die italienischen Schriftsteller und die Politik

Mario Fortunato (geboren 1958 bei Catanzaro) lebt heute als Leiter des Italienischen Kulturinstituts in London; der Versuch der Berlusconi-Administration, ihn dort abzuberufen, wurde durch öffentliche Proteste vieler Intellektueller, darunter Doris Lessing, zunichte gemacht. Auf deutsch erschienen »Die Kunst leichter zu werden«, »Die Entdeckung der Liebe und der Bücher« und soeben »Die Liebe bleibt«.

Ich frage mich, warum die italienischen Schriftsteller nicht über Politik schreiben können. Dabei denke ich nicht nur an Tagespolitik. Es fehlt ein Roman, der die siebziger, die achtziger, die neunziger Jahre erzählt. Möchte man etwas von der politischen Wirklichkeit Italiens wiederfinden, muß man bis in die sechziger Jahren zurückgehen. Danach gab es nur noch Gestammel, auch das eine oder andere Experiment. Und doch kann man wohl kaum sagen, daß es dem zeitgenössischen Italien an politischem Zündstoff mangele: Die Gewalt und der rechte wie linke Terrorismus in den siebziger Jahren. Die krankhafte Üppigkeit der achtziger. Die Verbrechen der Mafia und dann die Ära der Mani Pulite. Der Zusammenbruch der Ersten Republik bis hin zur erdrückenden Gegenwart. Welche Spur haben sie in der italienischen Prosa hinterlassen? Fast keine. Und das ist erschütternd.

Ich trauere den Zeiten des Engagements keineswegs nach. Leonardo Sciascia sagte, das Einzige, für das sich ein Schriftsteller engagieren dürfe, sei für sich selbst und seine Arbeit. Ich vermisse keineswegs Pasolinis fürchterliche soziologische Romane. Nie habe ich mich für den sozialistischen Realismus interessiert. Aber es muß doch einen Weg geben zwischen dem besessenen politischen Engagement der Vergangenheit und der heutzutage vorherrschenden Gleichgültigkeit.

Es heißt, Italien habe in den letzten Jahren die literarischen Genres entdeckt. Vor allem den Krimi. Die Pulp-Literatur, Reiseerzählung und in etwas geringerem Ausmaß die Biographien. Die Verkaufszahlen bleiben dabei bescheiden. Im Vergleich zu den Deutschen, Engländern oder den Franzosen lesen die Italiener nach wie vor außerordentlich wenig. Schuld ist das Schulsystem – sagen viele –, das jegliche Lust am Lesen zunichte macht. Oder es liegt am Fernsehen, das sich mit allem möglichen beschäftigt, nur nicht mit Kultur. Zu guter Letzt: Schuld sind die Zeitungen, die nicht an ihre Aufgabe glauben, und die Verleger, die zu Druckern degradiert sind. Doch was, wenn es sich vielmehr um ein inneres, wesentlich tiefer sitzendes Übel handelte, das sich bereits fest in unserer bürgerlichen Gesellschaft eingenistet hat?

Vielleicht erzählt der italienische Roman unserer Tage nichts über Politik, weil sie schlicht und einfach nicht zu erzählen ist. Vor mehreren Tagen sagte mir ein französischer Freund, ein Intellektueller, er habe in den letzten zwanzig Jahren Italien immer für eine große bürgerliche Gesellschaft gehalten, für eine starke und lebendige bürgerliche Gesellschaft. Umgekehrt habe er Italien nie als den Staat einer Nation begriffen, angesichts seiner Regierungen, seiner Bürokratie, seiner guten oder schlechten Führungsschicht. Wo bitteschön – fragte mein französischer Freund – werden in Italien die Führungsschichten herangebildet?

Ja, wo nur? Bis vor einigen Jahren gehörte auch das zur Aufgabe der sogenannten Volksparteien. Aber jetzt? Müßte man jetzt nicht sagen, die bürgerliche Gesellschaft habe sich in sich selbst zurückgezogen? Sie habe die Politik – sei sie rechts oder links – ihren Fachsimpeleien, den Automatismen ihrer Institutionen überlassen? Man muß sich das vor Augen halten. Die italienische Gesellschaft ist in den letzten zwanzig Jahren enorm gewachsen. Sie hat an wirtschaftlicher Kraft gewonnen. Sie ist offener und empfänglicher. Die Sitten haben einen beachtlichen Schritt nach vorne getan. Wir haben uns europäisiert. Dagegen hat sich die Politik eine

Sprache und Umgangsformen angeeignet, die für die meisten unverständlich sind. Die Rechte wie die Linke sagen nicht viel zu den großen Themen unserer Zeit. Und wenn sie Fragen von wirklich allgemeinem Interesse ansprechen, dann sind sie sich schon in den eigenen Reihen völlig uneins. Wann wird jemals über Bildungssysteme, über das Gesundheitswesen, über Bürgerrechte, über Umwelt, über Forschung, über Euthanasie, über Biotechnologie diskutiert? Unsere Zeitungen informieren uns allenfalls über unbedeutende Kontroversen, über Koalitionen, die mühselig zusammengehalten werden und sich jeden Tag aufs neue zerstreiten.

Nach den siebziger Jahren, nach der Zeit der Gewalt und des Terrorismus, hat sich die bürgerliche Gesellschaft aus der Politik zurückgezogen. Im Büßerhemd, hat sie sich mit anderem beschäftigt. Mit dem Markt wie ein Lehrling, mit Kunst und Kultur, Religion: mit allem, nur nicht mit Politik. Sie hat nicht mehr das Bedürfnis, teilzunehmen und sich repräsentieren zu lassen. Der italienische Roman spiegelt genau diese Haltung wider. Nicht zufällig dominiert die Entdeckung der Genres. Sie haben diese Leere ausgefüllt.

Die Politik hat ihrerseits die Schriftsteller und die Kultur im allgemeinen lediglich als einen möglichen Steinbruch angesehen. Es gab keinen wirklichen Dialog, keinen Blick über den Tellerrand. Nur Kurzsichtigkeit. Kleinkarierte Politik.

»Was das Soziale angeht, bin ich links. Was das Wirtschaftliche angeht, bin ich in der Mitte. Und was meinen Stolz angeht, so bin ich Italiener.«

Berlusconi, 10. Mai 2002

Mario Dogliani

Regierungsform

Mario Dogliani ist Professor für Verfassungsrecht an der juristischen Fakultät der Universität Turin, wo er auch Staatslehre unterrichtet. Unter seinen Veröffentlichungen erschienen zuletzt die Aufsätze »La legislazione costituzionale« und »Immunità e prerogative parlamentari«.

»Sind wir nach der ›Direktwahl‹ des Premiers de facto nun auch bei der Präsidialrepublik angelangt?«
»Ich glaube nicht. Wir haben es nur mit einer Mehrheit und einer Regierung zu tun, die so schnell und so bald wie möglich ihre Pflicht tun will.«

(aus einem Interview von Franco Colasanti mit dem Senator Domenico Nania, Fraktionsvorsitzender der Alleanza Nazionale im Senat, in: »Il Sole 24 Ore«, 25. Oktober 2001.)

1.

Für den, der mit dem Verfassungsrecht vertraut ist, ist diese Frage eindeutig schlecht gestellt: Die Konzentration der gesetzgebenden Gewalt in den Händen der Regierung, die durch das Monopol auf Gesetzesinitiativen und die Verpflichtung der Regierungsmehrheit zur Einhaltung strikter Verfahrensregeln zustande kommt, macht eine Regierungsform durchaus noch nicht zum Präsidialsystem. Dieses ist, im Gegenteil, das typische Resultat einer Entwicklung der parlamentarischen Regierungsformen zu neoparlamentarischen oder auf reinem Mehrheitswahlrecht beruhenden Regierungen. Doch die Frage ist aufschlußreich, denn sie verweist auf die Tatsache, daß der aktuelle Zustand der politischen Kräfte (was ihre quantitative Verteilung und ihre politische Kultur betrifft) sowie der momentane Regierungsstil einen Wandel der verfassungsmäßigen Ordnung bewirken, der weitreichender oder vielfältiger sein wird, als jene Veränderungen, die schon mit dem Gesetz über das Mehrheitswahlrecht, oder besser, mit der Rhetorik, die es unterstützte, vorausgesetzt waren. Die Ereignisse haben bewiesen, daß der gegenwärtig stattfindende Umbruch sich keineswegs in formalen, institutionellen, »mechanischen« Veränderungen erschöpft. Solche Veränderungen hatten schon die Befürworter des Mehrheitsmodells vorausgesagt, da die neue parlamentarische Mehrheit eine (vom neuen Wahlgesetz begünstigte) Größe hatte, die ihr vollkommene Unabhängigkeit garantierte und ihr – faktisch – die Direktwahl des Premierministers erlaubte. Genau dies waren die gewünschten – auf einen bloßen institutionellen Mechanismus begrenzten – Wirkungen, doch jetzt entdeckt man, daß zusätzlich Verhaltensweisen auftauchen, an denen sich Abweichungen von diesem Modell und vor allem Grenzüberschreitungen im Vergleich zum ursprünglichen Plan zeigen. Die Anspielung auf die Präsidialdemokratie in der oben zitierten, bezeichnenden Frage bezieht sich auf eben diese Tendenz, bei der die politische Macht zunehmend fremdbestimmt erscheint, immer weniger »über Diskussionen« ausgeübt wird und immer enger mit der Welt privater Interessen und Beweggründe verbunden ist. Die Art und Weise wie diese Entwicklung sich vollzieht, beweist, daß die auf dem Mehrheitswahlrecht gründende oder Weisungsdemokratie (die von den Betreibern der Wahlreform gewünscht wurde) und die unmittelbare oder Einsetzungsdemokratie (die entstanden ist) durchaus nicht dasselbe sind (was übrigens wohlbekannt ist, in diesen Jahren aber zu oft vergessen wurde).

Ist diese Einschätzung begründet? Kann man wirklich sagen, daß die zweite Regierung Berlusconi und die Mehrheit, die sie stützt, durch die Art und Weise, wie sie entstanden sind und durch die Verhaltensweisen, die sie in den ersten Monaten an den Tag gelegt haben, die Regierungsform Italiens tatsächlich verändert haben? Und daß sie diese Regierungsform in der Richtung verändert haben, die von der obigen Frage nahegelegt wird, also nicht nur in ihren »mechanischen« Merkmalen, sondern auch im zugrundeliegenden Demokratiemodell?

2.

Fragt man nach den direkten Wirkungen auf die Regierungsform, die durch die Verhaltensweisen der Regierung Berlusconi ausgelöst wurden, muß man zuallererst fragen, ob diese Form sich von der vorhergehenden unterscheidet oder nicht. Dabei darf man sie nicht nur in ihrer konkreten, statischen Gestalt betrachten, sondern muß auch das Modell berücksichtigen, an dem sie sich orientierte. Der fragliche Zeitraum ist natürlich zu kurz, um zu erkennen, ob sich bereits neue Gewohnheiten gebildet haben.

Vordergründig, das heißt, im Hinblick auf die konkrete Erscheinung der Regierungsform, kann die Frage nur bejaht werden. Es ist offenkundig, daß die Form, in der Italien regiert wird, ein verändertes Bild abgibt.

Ein knapper Abriß der italienischen Verfassungsgeschichte zeigt, daß es nach einer Regierungsform mit einem extremen Vielparteiensystem – sie dauerte vom Ende der Ära De Gasperi bis zum traumatischen Abschluß der 11. Legislaturperiode durch die Auflösung eines Parlaments aus Abgeordneten mit polizeilichen Ermittlungsverfahren – eine Regierungsform gegeben hat, bei der Parteien kaum mehr eine Rolle spielten (ausgenommen die kurze Zeit der ersten Regierung Berlusconi). In dieser Phase setzten die Regierungen sich nämlich vor allem aus Experten zusammen und stützten sich auf das Vertrauen des Staatsoberhauptes (die Regierungen Ciampi, Amato und Dini). Nach den Wahlen von 1996 (den ersten, wie zu Recht behauptet wurde, bei denen tatsächlich im Sinne eines bipolaren Systems zwei klar voneinander abgegrenzte Koalitionen zur Wahl standen) schien sich dann mit der Regierung Prodi ein neoparlamentarisches Modell durchgesetzt zu haben (faktische Direktwahl des Oberhauptes der Exekutive und blitzschnelle Bildung des Kabinetts). Doch das konnte man nur für den in sich geschlossenen Mechanismus Wahlen-Regierungsbildung behaupten, im Kern traf es nicht zu, denn das wesentliche Merkmal dieser Phase war die Aufspaltung zwischen dem Amt des Ministerpräsidenten und der Rolle des Parteichefs. Eine neoparlamentarische Regierung dagegen ist eine Regierung, deren Macht sich auf Parteien stützt, und bei einer solchen Regierungsform folgt das eine Amt aus dem anderen, wodurch die Führung der siegreichen politischen Gruppierung durch das zusätzliche Regierungsamt sozusagen noch mit institutionellem Mehrwert ausgestattet wird. Eben diese Aufspaltung trug entscheidend zum Fall der Regierung Prodi bei. Etwas zynisch könnte man sagen, daß Prodi geschlagen wurde, weil er sich die Stimmen der an den Rändern, also in der Grauzone zwischen Opposition und Regierungsmehrheit angesiedelten Parlamentarier nicht sichern konnte. Da es ihm nämlich an der Hausmacht in einer Partei fehlte, konnte er den Parlamentariern als Gegenleistung für ihre Unterstützung keine aussichtsreichen Kandidaturen versprechen. Unter diesem Gesichtspunkt muß die Regierung D'Alema als ein Versuch angesehen werden, das Amt des Ministerpräsidenten mit dem Amt des Parteiführers der größten Partei in der Koalition zu verbinden: Doch der Versuch mißlang, und mit der Regierung Amato wurde die Trennung beider Ämter erneut voll bestätigt. Während der ganzen letzten Legislaturperiode hat die Mitte-Links-Koalition das Dilemma nicht lösen wollen oder nicht lösen können, und ist daher, wie Buridans Esel, gestorben an ihrem unschlüssigen Schwanken zwischen der Möglichkeit einer parteigebundenen Regierung (durch den Parteichef), also der neoparlamentarischen Lösung, und der einer Regierung des Premierministers (auch eines parteilosen Premiers: eine Art Semi-Präsidialsystem oder, wie manche sagten, Semi-Parlamentarismus).

In einem Punkt war das Mitte-Links-Bündnis sich jedoch einig: Angesichts der internen Spaltungen hätte diese Lähmung nicht auf natürlichem Weg, also durch eine rein politische Entwicklung der Situation überwunden werden können. Doch die Auseinandersetzungen, die die Bündnispartner daran hinderten, die Situation mit politischen Mitteln zu verändern – indem man nämlich für die unterschiedlichen Gruppen der Mitte-Links-Koalition gemeinsame Verhaltensregeln festlegte – waren natürlich dieselben, die es ihnen unmöglich machten, »Reformen« des Gesetzes oder der Verfassung durchzusetzen, mit denen man die festgefahrene Situation hätte überwinden können. Man hat sich daher mühsam zwischen Referenden (eine weitere Entwicklung des Parteisystems in Richtung Mehrheitsentscheidungen) und Verfassungsänderungen vorangetastet (es genügt, an die symptomatische Bedeutung der mit dem Gesetz Nummer 1 aus dem Jahr 1999 eingeführten Form der Regionalregierungen zu erinnern, die sich auf die »allgemeine und direkte Wahl« des Präsidenten gründet: eine Reform ganz im Sinne der Präsidialdemokratie).

Während das Mitte-Links-Bündnis weiterhin ein Gefangener seines Vorhabens blieb, die Mechanismen der Verfassung »formell« zu verändern, um die politische Landschaft – doch vor allem die eigene Physiognomie – in neue Formen zu zwingen, da die alten dem Bündnis unrettbar zerstört schienen, machte die Rechte sich entschlossen daran, das Mehrheitsprinzip, das durch das Wahlgesetz nunmehr wie die natürliche Weiterentwicklung des gegebenen Verfassungsrahmens erschien, von unten her auszubauen und zu befestigen. Während die Linke nicht aufhörte, die Schwäche der gesetzlichen Regelungen für das Scheitern der Regierung Prodi verantwortlich zu machen, hatte die Rechte bereits begriffen, daß sie imstande war, die politischen Bedingungen, von denen der Ausgang aus der Übergangsphase in den Institutionen abhing, selber zu schaffen.

Man hatte die Reform des Wahlrechts gewollt, weil sie die Rolle der Parteien abschwächen sollte, aber die Linke war nicht sehr weit gekommen auf dem von ihr selbst vorgeschriebenen Weg einer Personalisierung der Macht und einer Legitimierung des politischen Führers über die Medien. Der Rechten hingegen ist ihr Vorhaben perfekt gelungen, und es hat seinen symbolischen Höhepunkt in der Unterzeichnung des »Vertrages« zwischen Berlusconi und seinen Wählern *coram populo televidente* gehabt. Es ist nicht leicht, genau zu unterscheiden, in welchem Ausmaß der Erfolg der Rechten sich charismatischen Eigenschaften und kommunikativen Fähigkeiten oder eher der Tatsache verdankt, daß die Parteien, aus denen sie sich zusammensetzt, inzwischen gründlich im System der Wirtschaftsinteressen und in der Kultur, sowie in den (häufig besorgniserregenden) Leidenschaften und den Erwartungen breiter Bevölkerungsschichten verwurzelt sind. Und ebenso schlecht läßt sich einschätzen, in welchem Ausmaß dieser Erfolg der Rechten davon profitierte, daß die Aussicht auf eine Personalisierung der Macht nach Ansicht der Linken unvereinbar war mit dem Erhalt von massenhaften Bindungen der Bevölkerung und dem Fortbestand der entsprechenden Organisationsformen (also wurden sie aufgegeben: ein Fehler, vor dem die Rechte sich sorgfältig gehütet hat). Sicher ist auf jeden Fall, daß die Rechte alle ihr zur Verfügung stehenden Wege genutzt hat: den über die Massenmedien, den ideologischen (der Antikommunismus, und jene tiefergehende Einstellung, die man als stillschweigende Zustimmung zur Unterwanderung des gesellschaftlichen Zusammenhalts, also der Verweigerung gegenüber dem Gesetz, definieren könnte), den Weg einer auf starke organisierte Interessen verteilten Koalition und den der personengebundenen Beziehungen, wie sie typisch sind für Parteien, die alles an sich raffen wollen.

Unabhängig von diesen komplexeren Einschätzungen ist es für eine Analyse der gegenwärtigen Regierungsform letztendlich entscheidend, daß es der Rechten nicht nur gelungen ist, eine eindrucksvolle Stimmenmehrheit zu erlangen, sondern auch eine unbestrittene Führungspersönlichkeit an ihrer Spitze zu präsentieren. Dies ist der entscheidende Mehrwert, wenn es darum geht, den klassischen Parlamentarismus zu überwinden: Daß die Wahl des Koalitionsführers nicht zum Gegenstand von Verhandlungen zwischen den Vorsitzenden der verschiedenen Gruppierungen wird, aus denen sich die Koalition zusammensetzt. Weil sie diese beiden Ziele erreicht hat, konnte die um Berlusconi versammelte Mehrheit tatsächlich jene Neuregelung der institutionellen Ordnung durchsetzen, an der die Regierungen Prodi, D'Alema und Amato gescheitert waren.

Vergleicht man also die Regierungsform, die sich in der vorhergehenden Legislaturperiode gebildet hatte, mit der heutigen, muß man sagen, daß diese Form sich schon jetzt, nach den ersten Monaten der zweiten Regierung Berlusconi, von der früheren unterscheidet, denn an die Stelle der Regierung eines Premierministers ohne Partei (sogar D'Alema hatte seine Ablösung von den Linksdemokraten der DS stets betont) ist die Regierung eines Premiers getreten, der auch Führer der Partei mit der relativen Mehrheit ist (und nicht nur der größten Partei der Koalition).

Es steckt ein offensichtlicher Widerspruch in dem, was hier behauptet wird: Ausgerechnet der die Medien beherrschende Führer in Reinkultur habe eine auf Parteimacht gegründete Regierung nach dem Mehrheitsprinzip gebildet. Doch der Widerspruch wird hinfällig, wenn man einräumt, daß die Partei mit der relativen Mehrheit, wie sehr sie auch durch Medienwirkung und persönliches Charisma unterstützt werden mag, eine echte Partei ist, die einen wirklichen Ausschnitt der Gesellschaft vertritt. Wenn Forza Italia nicht nur ein nebulöses Gebilde aus Fernsehzuschauern, nicht nur ein Phänomen der Medien und einer bestimmten Person, sondern, wie Ilvo Diamanti behauptet, der Baum ist, der Wurzeln, die es schon vorher gab, sichtbar gemacht und ihnen neue Geltung verliehen hat, dann hebt sich der Widerspruch tatsächlich auf. Im Norden war das die von Konkurrenzkämpfen zermürbte Welt der Wirtschaft mit immateriellen Gütern, die Welt des Finanzwesens, der kleinen Unternehmen, der selbständigen Arbeit, des Handels, die nach gelockerter

Reglementierung gerufen hatte, die im Vergleich mit den großen Wirtschaftsbetrieben stärker wahrgenommen und politisch besser vertreten werden wollte; im Süden die Forderung nach Ausgaben der öffentlichen Hand und nach einer Wiederaufnahme der staatlichen Finanzhilfen für lokale Einrichtungen. Denn im Norden wie im Süden hat Forza Italia dies alles durch enge Verbindungen mit dem Netz der Privatinteressen und mit der regionalen Führungsschicht erreicht. Was allerdings nichts daran ändert, daß die besonderen Merkmale von Forza Italia (die weitreichende Kontrolle, die ihr Chef über die Partei ausübt und der plebiszitäre Politikbegriff) nicht doch die Staatsform, das heißt, die Art von Demokratie, die in Italien entstanden ist, in außerordentlich folgenreicher Weise haben prägen können.

3.

Wenn das aber so ist – könnte man erwidern – haben die Ereignisse, von denen die Zeitungen voll sind, die fortwährenden Erschütterungen, denen die Institutionen ausgesetzt sind, denn gar keine Auswirkungen auf institutioneller Ebene? Sind das Tatsachen, die auf das Feld der politischen Ermessensfreiheit der Regierung beschränkt bleiben? Sind sie nur als Werturteile relevant? Außerdem könnte man einwenden, daß das sich abzeichnende Bild der Kontinuität, der Rahmen, in dem die derzeitige Regierungsform als neoparlamentarisch definiert wird, eine bloß formalistische und äußerliche Darstellung sei. Sie lasse entscheidende qualitative Daten unberücksichtigt, die, wenn sie in die Analyse einbezogen würden, eine bedeutsame Abweichung vom Modell einer auf dem Mehrheitswahlrecht basierenden Regierung, so wie sie normalerweise verstanden wird, zeigen würden. Es ist nämlich sattsam bekannt, daß die erste und wichtigste Voraussetzung, will man verhindern, daß die Mehrheitsdemokratie sich in eine Mehrheitsdiktatur verwandelt, in einem von den entgegengesetzten politischen Lagern geteilten, gemeinsamen Vorrat an Prinzipien besteht. Damit wird sichergestellt, daß sich auch die Minderheit von der Mehrheit vertreten fühlt, was die längerfristige Wahrung individueller und kollektiver Interessen betrifft. Die sektiererischen Verhaltensweisen, die von der gegenwärtigen Regierung an den Tag gelegt werden – bezüglich einzelner politischer Entscheidungen, in ihrem Verhältnis zur Opposition und gegenüber der Jurisdiktion (mithin der Verfassung) – demonstrieren, daß diese Voraussetzung in Italien nicht existiert. Es ergeben sich daher zwei Fragen, die beantwortet sein wollen: werden die Institutionen von der Politik, die die Regierung derzeit betreibt, *ex post* beeinflußt, in dem Sinn, daß sich deren Form durch den Inhalt der politischen Entscheidungen verändert? Oder beeinflußt die Art der Fragen und Probleme dieser Regierung, die Form der Institutionen *ex ante*, indem die Institutionen von der politischen Zugkraft der dort wirkenden gesellschaftlichen Kräfte, also vom Inhalt der zukünftig möglichen politischen Entscheidungen bereits präjudiziert werden?

Es liegt klar auf der Hand: Sollten die politischen Absichten der derzeitigen Regierungsmehrheit kontinuierlich und systematisch durchgesetzt werden, werden sie mit Sicherheit eine Erosion jener erwähnten gemeinsamen Prinzipien bewirken – der Solidarität (zwischen Individuen, gesellschaftlichen Schichten und Ländern), der europäischen und internationalen Zusammenarbeit, des Schutzes der Arbeit ... und vor allem (mindestens weil ihre Formen so deutlich sichtbar sind) der Unabhängigkeit der richterlichen Gewalt – Prinzipien also, die, wie alle Handbücher des Verfassungsrechts lehren, die Staatsform definieren, da sie die Beziehungen zwischen den staatlichen Organen und den Bürgern prägen. Es ist also zuallererst die Form des Staates, nicht die Form der Regierung, die von den politischen Entscheidungen der gegenwärtigen Regierungsmehrheit aufs Spiel gesetzt wird. Sie untergraben diese Prinzipien, die, wie gesagt, der vornehmste Inhalt der verfassunggebenden Vereinbarungen sind und daher ganz konkret mit der Verfassung des Staates (seiner tragenden Kraft) selbst zusammenfallen, die ja in nichts anderem bestehen kann als im allseitigen Konsens über eine Gesamtheit bestimmter politischer Grundwerte.

Die Aushöhlung dieser Prinzipien (und die Privatisierung der politischen Macht, wie sie im Interessenkonflikt zum Ausdruck kommt) stellen daher eine faktische Veränderung der Staatsform dar. Solange man allerdings nicht mit Bestimmtheit sagen kann, daß diese allgemeinen Prinzipien jeglicher Wirkung beraubt sind, weil sie von den Staatsbürgern nicht mehr als grundlegende und unverzichtbare Werte anerkannt werden, darf man den Tod der Verfassung noch nicht ausrufen, sondern nur feststellen, daß momentan ein Kampf um sie geführt wird. Die Wahlergebnisse ermutigen jedoch nicht gerade zu der Behauptung, die Anerkennung jener Prinzipien sei immer noch weit verbreitet und tief verwurzelt.

Man darf den Schluß ziehen, daß die derzeitige Regierungsform Italiens, so wie sie sich infolge der Besonderheiten und Verhaltensweisen der Regierung Berlusconi herausgebildet hat, in ihrer Struktur eine neo-parlamentarische oder auf dem Prinzip absoluter Mehrheiten basierende Regierungsform ist. Gegen die Möglichkeit, sie als eine solche zu definieren, spricht indessen ein entscheidendes Argument, nämlich, daß ihr jene Grundbedingung fehlt, die gewöhnlich in der Formel von der »gegenseitigen Legitimation« der gegnerischen Lager ausgedrückt ist. Eine Formel, die hier allerdings unzureichend ist, denn als ein bloßer Relationsbegriff sagt sie nichts über den – vom Standpunkt der geltenden Verfassung, also der konstitutiven Grundprinzipien der Staatsform aus – »systemfeindlichen« Charakter des politischen Lagers, das die Regierungsform derzeit faktisch prägt.

Andrea Camilleri

Ein wahres Märchen

Nachdem er auf nachdrückliches Verlangen des Volkes zum Präsidenten von allem (der Republik, des Senats, der Ersten Kammer, des Ministerrats) gewählt worden war, berief der Cavaliere seine Minister ein und sagte: »Seit langem habe ich nun die Reform der Verfassung vorbereitet. Machen Sie sich Notizen. Den Text habe ich bereits dem Gesetzblatt zugeschickt.«

Eifrig griffen die Minister zu Papier und Bleistift.

»Artikel 1«, diktierte der Präsident, *»Ilatien ist eine Republik, die sich auf der Arbeit des Cavaliere gründet.«*

Die Minister nickten.

»Artikel 2«, fuhr der Präsident fort, *»Die rote Farbe, Symbol des verhaßten Kommunismus, wird für verfassungswidrig erklärt und daher abgeschafft.«*

»Wie halten wir es dann mit den Ferraris?« fragte der Minister für Industrielle Entwicklung.

»Kein Problem. Die werden blau«, entgegnete der Cavaliere.

»Und wie mit der ilatienischen Staatsflagge?«, fragte der Minister für Verteidigung.

»Sie bleibt dreifarbig, aber das Rot wird durch Blau ersetzt«, sagte der Cavaliere gereizt.

Und so ging es weiter. Es wurden schwerste Strafen für die vorgesehen, die bei einem Unfall öffentlich das Rot ihres Blutes zeigten; mit Unkrautvertilgungsmittel ließ man Rosen und alle anderen roten Blumen vernichten, rotes Fleisch wurde nicht mehr zum Verkauf angeboten, wohingegen Sardellen und Makrelen vergöttert wurden, und es wurde nur noch Weißwein angeboten.

Versunken in all dem Blau, begannen die Ilatiener sehr bald, Sehnsucht nach dem Rot zu haben, eine Sehnsucht, die von Tag zu Tag stärker wurde. Schon gab es erste Attentate der RGBR (Revolutionäre Gruppen der Bewunderer von Rot). Schmuggler verdienten sich eine goldene Nase nicht etwa mit Zigaretten oder illegal eingeschleusten Flüchtlingen, sondern mit Tomatensoße in Konserven, die in Ilatien strengstens verboten waren.

Bis eines Morgens, nach einem heftigen Wolkenbruch, am Himmel ein gigantischer Regenbogen erschien, der sich über das ganze Land spannte. Das Rot dieses Regenbogens war nicht nur einfach eine Farbe, sondern ein lauter Schrei des Aufruhrs, entschieden und klar. Dieser Regenbogen sollte – wiederum auf nachdrückliches Verlangen des Volkes – den Untergang des Cavaliere einleiten.

»Ich bin ein aufrichtiger, sehr direkter und offener Mensch. Ich schätze klare Verhältnisse, da sie meinem sonnigen Wesen entsprechen.«

Berlusconi, 2001

Angelo Bolaffi

Opposition gegen ein italienisches Ideal

Angelo Bolaffi lehrt politische Philosphie an der Universität La Sapienza in Rom und schreibt häufig über die politischen Verhältnisse in Europa und in Deutschland. Auf deutsch erschien von ihm »Die schrecklichen Deutschen. Eine merkwürdige Liebeserklärung«.

Man würde es sich viel zu einfach machen, wollte man die Gründe für den Erfolg von Berlusconi nur in seiner manipulatorischen Macht suchen und alles auf die angebliche Omnipotenz des Mediums Fernsehen reduzieren. In Wirklichkeit repräsentiert Berlusconi ja zweifellos einen bedeutenden Teil der italienischen Bevölkerung – nämlich in etwa die Hälfte. Und die enge Bindung zwischen ihm und seinen Wählern ist in kulturgeschichtlichen Tiefenschichten begründet. Berlusconi verkörpert sozusagen eine in der italienischen Anthropologie verwurzelte Mentalität: Es ist die Überzeugung – fast könnte man von einer Glaubensüberzeugung sprechen –, daß das öffentliche Wohlergehen immer nur eine Summe des privaten Glücks sein kann. Es ist demnach erlaubt, die Egoismen und verborgenen *animal spirits*, die »Raubtierinstinkte«, der bürgerlichen Gesellschaft notfalls auch unter Verletzung ihrer ethischen und juristischen Normen auszuleben. Im Lande Machiavellis hat die Ethik der *res publica* nie allzu viele Sympathisanten gehabt. Während der so genannten Ersten Republik haben die politischen Parteien – zumindest war dies ihr Selbstverständnis – jedoch immer versucht, zwischen dem Egoismus des Einzelnen und dem öffentlichen Interesse zu vermitteln. Die massenhafte Unterstützung für die »antipolitische« Politik Berlusconis markiert dagegen den Anbruch einer neuen Epoche. Das Interesse des Einzelnen wird jetzt in den Rang eines absoluten, über dem Gesetz stehenden Wertes erhoben. Das öffentliche Wohlergehen erscheint nun als wundersames Nebenprodukt der Tätigkeit von Unternehmern, die ihre Träume realisieren wollen – wenn nötig, an den Gesetzen vorbei. Berlusconi als Unternehmer und in seiner Rolle als »antipolitischer Politiker« ist der ideale Propagandist dieser Haltung. Man muss sich dazu nur die ersten Entscheidungen der italienischen Mitte-Rechts-Regierung anschauen, die alle darauf zielten, den Handlungsspielraum der Richter zu limitieren, die Gesetze gegen das Fälschen von Bilanzen extrem zu liberalisieren und die europaweit geltenden Gesetze gegenseitiger Rechtshilfe sowie die Bemühungen um einen internationalen Haftbefehl zu obstruieren. Das alles illustriert, wie weitgehend in Italien Grundpositionen des demokratischen Rechtsstaates unterminiert werden: Man benutzt die Volkssouveränität, um das Legalitätsprinzip aufzuheben, man verwendet die Demokratie gegen das Recht.

Die starke Zustimmung, die Berlusconis »Weltanschauung« im Volk genießt, tangiert auch das kulturelle Leben des Landes. Das hat zu einer erstaunlichen Neuformierung der intellektuellen Fronten geführt. Der seit Kriegsende dominierende und auch in der Verfassung kodifizierte Antifaschismus bildete über Jahrzehnte hinweg einen kulturellen, alle sonstigen Differenzen überbrückenden Grundkonsens über gültige Werte. Die Regierungsbeteiligung der Postfaschisten unter Gianfranco Fini hat die politische Voraussetzung dafür beseitigt. Mit der Regierung Berlusconi ist zugleich die Archivierung und Musealisierung der *resistenza* als Gründungsmythos der italienischen Republik abgeschlossen.

Auch die Begriffe »rechts« und »links«, die bisher für klare Unterscheidungen gesorgt haben, sind verblasst. Die Werte etwa, die von Antonio di Pietro, dem legendären Helden der Mailänder Antikorruptionsprozesse von 1992, eingefordert werden, sind alles andere als »links«; sie sind sogar dezidiert konservativ. Unter den besonders unnachgiebigen Kritikern Berlusconis, die einen italienischen »Neo-Peronismus« befürchten, finden sich viele herausragende Exponenten der liberal-demokratischen Kultur, allen voran der italienische

Starjournalist und erklärte Antikommunist Indro Montanelli, der bis zu seinem Tod vor einem Jahr unermüdlich vor Berlusconi gewarnt hat. Dazu gehören aber auch Persönlichkeiten wie der international angesehenen Politologe Giovanni Sartori (siehe Seite 49ff.), der Ökonom Paolo Sylos Labini, der einflußreiche Anwalt Guido Rossi, aber auch Oliviero Toscani, der provozierendste unter den italienischen Werbeprofis. Für ihn ist Berlusconi »ein wahrer Extremist, der alle seine Kritiker en bloc als Kommunisten abqualifiziert. Wenn wir eine Zensur in unseren Köpfen zulassen«, warnt Toscani, »akzeptieren wir auch diese Sprache der Mediokrität.« Führend im intellektuellen Kampf gegen Berlusconi ist überdies Furio Colombo, der gegenwärtige Chefredakteur der legendären »L'Unità«, des ehemaligen Parteiorgans der Kommunisten. Colombo ist ein durch und durch liberaler Intellektueller, ein Studienkollege des Schriftstellers Umberto Eco und des Philosophen Gianni Vattimo und gleichzeitig ein enger Freund von Fiat-Chef Giovanni Agnelli. Er war viele Jahre Generalvertreter von Fiat in den USA.

Dagegen hat Giuliano Ferrara, der Herausgeber von »Foglio«, einem von Berlusconi bezahlten Blatt – das gleichwohl eine gewisse intellektuelle und politische Autonomie aufrechtzuerhalten versucht –, einen tiefroten Stammbaum aufzuweisen. Ferrara war lange Zeit kommunistischer Funktionär, sein Vater leitete die kommunistische Tageszeitung »L'Unità«, und seine Mutter arbeitete als Sekretärin des legendären KP-Führers Palmiro Togliatti.

Es genügt, jeden Morgen den »Corriere della Sera« aufzuschlagen, das Organ des italienischen Großbürgertums mit einer langen, bedeutenden liberalen Tradition, um zu erkennen, wie sehr die Ansichten derzeit kreuz und quer durch die althergebrachten Lager verlaufen. Von der Lektüre der dort veröffentlichten, extrem unterschiedlichen Meinungen wird man geradezu seekrank. Intellektuelle, die noch vor kurzem ruhig miteinander diskutiert haben, stehen sich heute oft heftig verfeindet gegenüber. Dabei kommt es zu manchem paradoxen Rollentausch im Spiel zwischen Geist und Macht. Die neuen intellektuellen Parteigänger der Rechten, zu denen angesehene Köpfe wie die Bologneser Politologen Angelo Panebianco und Nicola Matteucci gehören – sie waren in der Vergangenheit hartnäckige Verfechter liberaler Werte –, machen sich jetzt zu Lautsprechern einer jakobinischen Demokratieauffassung. Es war ein Politiker, nämlich der ehemalige Ministerpräsident Giuliano Amato, der diese Position zu Recht als »eine schamlose und dampfwalzenartige Auslegung des Mehrheitsprinzips« kritisierte, die keine parlamentarischen Kompromisse zwischen Mehrheit und Minderheit mehr zulasse. Ihr zufolge darf, ja muss der Wahlgewinner sein vom Volk erhaltenes Mandat optimal und weitgehend uneingeschränkt durch kontrollierende Instanzen nutzen.

Aber auch innerhalb der Opposition zur Mitte-rechts-Regierung sind die Meinungen über Berlusconi geteilt. Auf der einen Seite stehen die kompromisslosen linken Kritiker der Regierung um den großen alten Mann der italienischen Philosophie, Norberto Bobbio. Zu nennen sind aus diesem Kreis auch Umberto Eco (siehe Seite 42 ff.), Gianni Vattimo und der Regisseur Nanni Moretti (siehe Seite 154 ff.). Eine wichtige Funktion als publizistischer Katalysator erfüllt für diese Strömung die von Paolo Flores d'Arcais (siehe Seite 67 ff.) herausgegebene Zeitschrift »MicroMega«. Alle diese Denker bestehen auf der Notwendigkeit, sich gegenüber Berlusconi moralisch unbeugsam zu zeigen. Das »Phänomen Berlusconi« ist für sie auch eine ästhetische Zumutung, die sie mit geradezu aristokratischer Verachtung strafen. Dem müsse eine »zivile Opposition« entgegengesetzt werden, in der das »reflektierte Bürgertum« eine zentrale Rolle einnehmen solle. Das ist die These des seit langem in Florenz ansässigen englischen Historikers Paul Ginsborg. Er meint, es habe in Italien immer schon ein solches »reflektiertes Bürgertum« gegeben, das gegen das »Bürgertum der Geschäftemacher« opponiert habe. Oberstes Ziel einer solchen »zivilen Opposition« sei die bedingungslose Verteidigung des Legalitätsprinzips und der richterlichen Autonomie.

Die andere Seite des oppositionellen Lagers sieht in der rigorosen Abwehrhaltung gegen Berlusconi die Gefahr eines unpolitischen und letztlich wirkungslosen Moralismus. Diese Ansicht vertreten viele Politiker der Linken, aber auch Intellektuelle wie der Historiker Giuliano Procacci und der Verfassungsrechtler Augusto Barbera, der erklärte: »Berlusconi immer und unter allen Umständen anzugreifen trägt nicht dazu bei, die Regierung, sondern die Verfassung zu delegitimieren.« Diese moderaten Kritiker gehen davon aus, daß der Sieg von Berlusconi nicht einfach das Resultat einer Manipulation oder eines Betrugs sei. Vielmehr manifestiere sich in ihm die Kraft eines neuen »historischen Blocks« sozialer und ökonomischer Interessengruppen. Ihm nur mit moralischer Ablehnung zu begegnen werde die Opposition in ein Ghetto führen. Bunte und leidenschaftliche Massendemonstrationen allein reichten nicht aus, die Zustimmung dieses neuen gesellschaftlichen Zentrums zu gewinnen, ohne die man bei den nächsten Wahlen nicht siegen könne.

Doch was ist zu tun, wenn radikale Phobien und irrationale Ängste, die jede sachliche Auseinandersetzung zerstören, gerade von dieser Art Neuer Mitte ausgehen? Der Sieg Berlusconis belegt, daß die Integrationskräfte der modernen Massenparteien erschöpft sind. Also jener *catch all parties*, die nach dem Zweiten Weltkrieg die europäischen Wohlfahrtsstaaten getragen haben. Die Rechte versucht, diesen Verlust durch einen »postmodernen« Populismus aufzufangen. Auf der Linken aber gerät die Kritik daran ins Stottern. Ihre Antwort auf die Frage, wie die Demokratie im Zeichen der Erosion ihrer traditionellen Institutionen zu erneuern ist, steht noch aus.

»Wir werden keinerlei, wirklich keinerlei Einschränkung unserer Souveränität hinnehmen.« – »Es gibt kein Europa ohne Italien« *Berlusconi, Anfang 2002*

Silvia Ballestra

Export willkommen

Silvia Ballestra (geboren 1969) lebt in Mailand als Autorin und Übersetzerin. Sie hat bereits als 21jährige in Tondellis Anthologie »Papergang Under 25« veröffentlicht und betreut seitdem italienische Nachwuchsautoren. Auf deutsch erschien der Roman »Der Weg nach Berlin«.

Das Problemkind Italien. Haben wir es da etwa mit einem Regime zu tun? Und wenn ja, könnte man dann von einem »faschistischen Regime« sprechen? Was ist eigentlich von Resteuropa zu halten, wenn man sich einmal dessen Reaktion auf das durchaus gefährliche Phänomen Berlusconi anschaut, auf ein Phänomen, das übrigens nur allzu leicht exportierfähig scheint (die Geschichte lehrt uns, daß Regime nicht gerade die schönsten Dinge hervorgebracht haben).

Neben Justiz, Interessenkonflikt oder Abschaffung der Erbschaftssteuer sind weitere Themen die peinlichen Äußerungen des glatzköpfigen Zwergs zur angeblichen Überlegenheit der westlichen Kultur; oder die kostspielige wie unsinnige Entsendung unserer Truppen nach Afghanistan. Dann die Tatsache, daß einer einzigen Person – die zu allem Überfluß auch noch ziemlich populistisch und arrogant ist – die gesamte Macht übertragen wurde. Von einer Art Faschismus kann also durchaus gesprochen werden, wenn man sich etwa die wüsten Grausamkeiten in Genua nochmals vor Augen führt: als im Herzen Europas die bürgerlichen Rechte schlichtweg untergraben wurden, als die Polizei auf Menschen schoß und diese tödlich verletzte: die Massaker in den Schulen Diaz und Pertini. Noch mehr Beispiele? Das, was vergangenen Juli in Genua passiert ist und an chilenische Verhältnisse erinnert, sollte erst einmal ausreichen. Vielleicht hätte Europa bei dieser Gelegenheit strengere Maßnahmen ergreifen müssen, aber...

Aber das war nicht der Fall. In Italien werden mittlerweile diese ungeheuerlichen Vorkommnisse beinahe kategorisch ausgeklammert. Fast scheint es, als hätte man die Gewalt- und Horrorszenarien bereits verdrängt.

Es bleibt die Frage, ob besagter glatzköpfiger Zwerg mit seiner krankhaften Leidenschaft für Eleganz nicht etwas lächerlich ist: Er, der Rüpel, der die Fußballspieler des Milan bei Tincati Uomo einkleiden läßt; er, der Botschafter auffordert, ihre Krawatten doch bitte etwas ordentlicher zu binden. Ist also diese Mißbilligung von Männerbärten und Zigarettenqualm, der Ordnungs- und Reinheitsfimmel, der weder Tapeten* noch Unterhosen** außer acht läßt, nicht in der Tat etwas lächerlich, krankhaft und besorgniserregend? Durchaus. Ebenso beunruhigend ist die Tatsache, daß frisch gekaufte Zitronen mit Nylonfäden an allzu kargen Zitronenpflänzchen festgebunden wurden. Und dann wäre da noch die Privatisierung des lombardischen Gesundheitswesens; und die katastrophalen Reformen des Schulsystems; und dieses Mailand, über das er und seine ebenso raffgierige Anhängerschaft herrscht; und dann sowohl die Rassisten und ausländerfeindlichen Anhänger als auch die immer schon existierenden Faschisten. Und dann, und dann... Und dann bin ich 1994 tatsächlich dem Verlagsriesen Mondadori entflohen, weil ich es äußerst peinlich fand, bei einem Verlag zu publizieren, der dem Ministerpräsidenten gehört. Probleme solcher Art dürfte es in einem zivilisierten Land ganz einfach nicht geben, und zwar weder für einen Schriftsteller noch für die Leute, die im Verlagswesen tätig sind und es sich nicht erlauben können zu kündigen.

Aber seht euch doch ruhig einmal an, wer in den letzten Jahren bei den Mondadori-Blättern eingestellt wurde, und

* Berlusconi wollte die in Rot gehaltene Inneneinrichtung der Protomoteca del Campidoglio hellblau einfärben.

** Während des G8-Gipfels sollte möglichst keine Unterwäsche zum Trocknen aufgehängt werden.

urteilt dann selbst, ob eine Hexenverfolgung stattgefunden hat, seit seine Majestät »das Spielfeld betreten« hat (siehe Seite 163).

Was bleibt, ist Ratlosigkeit. Aber ich kann meine Informationen nur einem Dutzend Leuten verkünden, während der Programmdirektor des TG5, Enrico Mentana, zu Millionen von Fernsehzuschauern spricht. Als ich in den Nachrichten gesehen habe, daß Richter, Professoren, Pazifisten und Bürger sich erheben und protestieren, wurde mir klar: wenn die schon darüber berichten (allein die Tatsache, daß Schriftsteller, Studenten, Intellektuelle im Fernsehen, sogar in den Nachrichten zu sehen sind, das ist ja unglaublich!), so ist das doch der beste Beweis dafür, daß sie anscheinend etwas ganz gewaltig störte. Und ich sagte mir, dann ist es uns eben doch gelungen, sie zu ärgern. Laßt uns also ruhig so weitermachen. Laßt uns ruhig darüber *reden* (aber nicht so wie Cacciari*). Und wir werden auch weiterhin darüber schreiben. Zumindest solange es noch möglich ist.

* Massimo Cacciari hatte in den TG 4-Nachrichten während eines Interviews nur allzu bereitwillig Nanni Morettis Zornausbruch angeklagt (siehe nächste Seite).

Nanni Moretti

Ein Wähler verteilt Ohrfeigen

Nanni Moretti (geboren 1953) wurde oft als italienischer Woody Allen bezeichnet. Der ursprünglich aus Südtirol stammende Filmemacher lebt heute in Rom. Zu seinen erfolgreichsten Filmen zählen »Der Nichtstuer«/»Ecce Bombo«, »Liebes Tagebuch«, »Das Leben ist schön« und »Das Zimmer meines Sohnes«.

Ich bin von Natur aus gemäßigt. Folglich wähle ich auch die Linksdemokraten. Aber gemäßigt ist nicht gleichzusetzen mit passivem Verhalten, mit Resignation oder der Gewöhnung an die übelsten und absurden Zustände in Italien. Über meinen Auftritt auf der Piazza Navona am 2. Februar 2002* meinte so mancher: Das war aber nicht die angemessene Art, das war auch nicht zur richtigen Zeit am richtigen Ort. Darauf kann ich nur entgegnen: Wenn nicht jetzt, wann dann?

Auf was sollen wir denn noch warten?

Ich möchte das, was gemeinhin als »Zivilgesellschaft« bezeichnet wird, keineswegs zum Mythos erheben. Ich denke, daß Politik in den Händen kompetenter Politiker liegen müßte, die gleichzeitig aber auch ein offenes Ohr für uns Wähler haben sollten. Wir sind aber ziemlich peinlich berührt angesichts der Unfähigkeit der Ulivo-Regierung. Vielleicht klingt es etwas drastisch, aber im Endeffekt sind wir die Arbeitgeber jener Parlamentarier. Und wenn diese zunächst auf unsere Unzufriedenheit nicht reagiert haben, so sollten sie nun lernen zuzuhören, wenn wir unseren Mund aufmachen.

Der Ministerpräsident Silvio Berlusconi wurde mehrfach angeklagt und nach wie vor laufen Prozesse gegen ihn. In anderen Ländern würde ein Bruchteil an Ungereimtheiten

* Am 2. Februar 2002 stürmte Nanni Moretti auf einer öffentlichen Kundgebung des Ulivo gegen Berlusconis Justizpraxis die Bühne und warf der Mitte-Links-Opposition Versagen auf ganzer Linie vor.

ausreichen, damit ein Unternehmer seine politische Karriere vergessen könnte. Die Situation in Italien ist dagegen völlig verrückt, alles andere als normal und dennoch nicht zu ändern: Berlusconi ist es gelungen, drei nationale Fernsehanstalten zu besitzen, womit er als Erster in die Geschichte der Demokratie eingegangen ist; ihm ist es gelungen, ein bestehendes Gesetz zu umgehen, so daß er gewählt und schließlich Ministerpräsident werden konnte (wer weiß, vielleicht wird er ja in ein paar Jahren zum Staatspräsidenten aufsteigen). Natürlich gibt es ein Gesetz, das Personen, die ein öffentliches Unternehmen führen, eine politische Karriere gar nicht erst ermöglicht, und mit Recht weist der Wirtschaftswissenschaftler Sylos Labini auch seit Jahren darauf hin. Aber jetzt ist es nun mal so, daß völlig legitime Wahlen stattgefunden haben; sie haben einer Person zum Sieg verholfen, die allerdings gar nicht im Parlament sitzen dürfte. Mit diesem absurden Zustand muß unsere Demokratie nun fertigwerden.

Es gibt jedoch einen ganz besonderen – und im Vergleich zu den alteingesessenen Christdemokraten – auch ganz neuen Aspekt, was das Verhältnis von Berlusconi zu seinen Wählern angeht. Es ist eine Tatsache, daß sich Leute, die mit ihm eigentlich absolut nichts gemein haben, nun mit ihm identifizieren. Seine Wähler glauben, daß Italien fünfzig Jahre lang von den Kommunisten regiert wurde, weil er es so behauptet hat. Sie glauben, die Linken verfügten über den Großteil der Zeitungen und Fernsehsender und Berlusconi würde zu Unrecht von der Justiz verfolgt. Sie denken, der Chef eines Unternehmens könne auch einen sehr guten Chef des »Unternehmens Italien« abgeben (auch wenn die angebliche Erfolgsbilanz seiner Firmen nicht der Wahrheit entspricht, sondern Regelverstöße jeder Art aufweist, wie so manche Untersuchung ergeben hat, aber das steht auf einem anderen Blatt). Was immer Berlusconi auch sagt oder tut, was seine Aufrichtigkeit oder seine Fähigkeiten in Verruf bringen könnte – nie wird er deswegen auch nur eine Stimme verlieren. Berlusconi startet einen Rundumschlag bei seiner möglichen Wählerschaft (indem er sich selbst die Anhänger der Alleanza Nazionale greift, die so gar nichts mit dem Konzept seiner Unternehmer-Partei im Sinn haben). Was das Mitte-Links-Bündnis dringend bräuchte, wäre jemand, der dank seines Ansehens in den eigenen Reihen die gesamte mögliche Wählerschaft für sich gewinnen könnte, jemand, der die Leute mit seinen Worten tief berührt, der Herz, Seele und Verstand der Leute erreicht. Es gibt so viele, die auf nichts so sehr zu warten scheinen als auf ein Zeichen, das von ruhiger Stärke zeugt, von großer Entscheidungsfreude. Sie müssen wieder den Eindruck haben, daß jemand ernsthaft ihre Interessen vertritt. Die Köpfe des Ulivo lauern aber nur auf Fehler von Berlusconi, anstatt selbst in Aktion zu treten.

Komischerweise war es 1996 nach dem Sieg Prodis und des Ulivo ausgerechnet die Mitte-Links-Regierung, die Berlusconi politisch wieder auf die Beine half; damals sahen selbst seine Anhänger ihn eher als Verlierer. Und in der Tat suchte man bereits nach einem neuen Kandidaten. Nach dem Wahlsieg von 1996 wollten einige führende Köpfe des Mitte-Links-Bündnisses sogar gemeinsam mit Berlusconi eine Verfassungsänderung erarbeiten und ihm die Rolle des »Staatsmannes« zuschreiben. Ich glaube, daß Berlusconi das exakte Gegenteil von einem Staatsmann darstellt: Die demokratische Grundidee scheint ihm irgendwie fremd, er hat sie wohl noch nicht vollständig begriffen oder aber er setzt sie mit Zeitverschwendung gleich. Er beschließt Gesetze je nach Lust, Laune und Eigenbedarf – gerade in diesem Punkt ist es bestürzend mitanzusehen, wie aus den Reihen der Koalitionspartner ganz einfach keinerlei Mißbilligung laut wird.

In den letzten Jahren hat sich die Mitte-Links-Regierung allerdings noch weitere Fehler erlaubt: das Anti-Kartellgesetz wie auch das Gesetz zur Vermeidung von Interessenkonflikten wurden nicht verabschiedet. Und noch viel schlimmer: vermutlich nicht aus Berechnung, sondern aus reiner Schlamperei. Aber die Regierung Prodi war schlichtweg viel zu maßstabsetzend, zuverlässig und glaubwürdig für italienische Verhältnisse. Der Anfang vom Ende des Ulivo ist deswegen schon auf den Herbst 1998 zu datieren, als im Parlament die Rifondazione Comunista die Regierung stürzte. Zu diesem Moment hätte man bei vorgezogenen Wahlen seine Stimme abgeben können und müssen. Der Ulivo aber hat noch nicht einmal dieses bißchen Mut aufgebracht, sondern zu allem Überfluß hat ein Führer der Linken sogar noch in aller Öffentlichkeit erklärt: »Wir können uns Wahlen nicht leisten, da wir sonst unser Land den Rechten übergeben müßten.« Nach solch einem Ausspruch fragt man sich schon, was für Vorstellungen von Demokratie dieser Mensch wohl haben mag. Und aufgrund einer zu erwartenden geringen Wahlbeteiligung der Linken konnte Berlusconi immer und immer wieder auf das eine pochen: die Regierung unter D'Alema hat keine Berechtigung.

Eine Regierung ist nur dann legitim, wenn sie Stimmen im Parlament findet. Nun schien es 1994 tatsächlich so, als hätten wir Wähler auf den Formularen den Kandidaten für den Ministerpräsidentenposten angekreuzt. Somit war auf Seiten des Parlaments die Regierung Prodi mehr als legitim, während der Ministerpräsident D'Alema von Seiten der wahlberechtigten Bevölkerung in der Tat nicht legitimiert war. Und man sollte auch nicht vergessen, daß nach Prodis Sturz die katholisch-konservativen Wähler innerhalb des Ulivo die neu entstandene Regierung unter D'Alema als Betrug verstanden.

Bei den vergangenen Wahlen im Mai letzten Jahres schien es fast, als stünde die Rifondazione Comunista dem Wahlergebnis beinahe gleichgültig gegenüber, ob nun Rutelli oder Berlusconi gewinnen würde. Ich fürchte fast, daß die ganze Partei inklusive ihrer Wähler so dachte; man schien alles andere als interessiert daran, die Vier-Prozent-Hürde zu schaffen, um im Parlament vertreten zu sein. Eigentlich hätten die Abgeordneten des Ulivo aber trotzdem versuchen müssen, die Rifondazione Comunista sowie die Partei Di Pietros für sich zu gewinnen, um ein größeres Parteienbündnis zu garantieren. Statt dessen hatten sie kaum mehr als ein resigniertes Verhalten und wußten nicht, wie sie mit der Niederlage – die sie im übrigen schon monatelang prophezeit hatten – umgehen sollten.

In jenem Kampf nur wenige Wochen vor dem Tag der Wahlen verkündete der »Staatsmann« Berlusconi, der Ulivo habe 1996 nur aufgrund von Wahlmanipulation gewinnen können (spätestens hier wäre es vielleicht von Vorteil gewesen, wenn der Staatspräsident seinen Mund aufgemacht hätte, und zwar nicht einfach nur, um verärgerte Bürger im Allgemeinen wieder zu beruhigen, sondern um ganz speziell einen Politiker in seine Schranken zu weisen, der am Grundgerüst der Demokratie rüttelt).

Manche sagten zu mir: »Das war nicht der richtige Ort, das war nicht die angemessene Art.« Aber wenn ich als Regisseur in meinen Filmen die Linken kritisierte, so hatte ich nie Angst, daß dies als Schuß nach hinten losgehen könnte, weil von rechter Seite meine Kritikpunkte mißbraucht und Politiker sie für eigene Zwecke nutzen würden. Ich konnte nie das stalinistische Prinzip der Doppeldeutigkeit gutheißen, wonach gilt: »Wenn wir uns gegenseitig kritisieren, so muß das intern geschehen, denn nach außen hin müssen wir als Einheit auftreten, ohne Meinungsverschiedenheiten.« Das lehne ich strikt ab, denn auch die schmutzige Wäsche sollte in aller Öffentlichkeit gewaschen werden. Einigen Reaktionen nach zu schließen, scheint mein zorniger öffentlicher Auftritt nicht ganz sinnlos gewesen zu sein.

Die Vorsitzenden des Mitte-Links-Bündnisses mußten schon so viele (zu viele) Ohrfeigen von ihren politischen Gegnern einstecken, daß jetzt auch mal einer ihrer Wähler dran ist.

»Ich leide unter Überlegenheitswahn: Ich bin reich, weil ich immer schon gearbeitet habe und das Geld mir redlich verdient habe. Ich habe 40 Millionen Menschen einen Arbeitsplatz verschafft und bezahle täglich drei Millionen Steuern.« *Berlusconi, Juni 1999*

Simona Peverelli

Die Antwort auf die Empörung

Simona Peverelli hat Soziologie studiert und ist seit 1997 Leiterin von Omicron, einem Forschungszentrum in Mailand, das sich auf die organisierte Kriminalität im Norden Italiens spezialisiert hat. Als Chefredakteurin der gleichnamigen Monatsschrift veröffentlicht sie außerdem wissenschaftliche Studien mit internationalem Bezug, insbesondere zur Einwanderungskriminalität.

Ganze Fernseh- und Radiosendungen, lange Artikel in Tages- und Wochenzeitungen beschäftigen sich mit dem unglaublichen Tag in der Mailänder Kongreßhalle Palavobis. Neue Gesichter setzen sich in zuweilen sehr heftigen Debatten mit Politikern und Journalisten auseinander. Diese unbekannten Vertreter der Zivilgesellschaft beweisen Mut, Besonnenheit und klaren Verstand, ohne sich vom Rampenlicht einschüchtern oder aufregen zu lassen.

Kein Parteikongreß, keine Parteiversammlung, wo die Redner sich nicht an einer vernünftigen und eigenständigen Erklärung dessen versuchten, was seit dem 23. Februar oder schon seit längerem passiert.

Alles hat vor weniger als sechs Monaten angefangen, als Regierung und Parlamentsmehrheit selbstherrlich und in größter Anmaßung eine ganze Reihe von Gesetzen zur Rechtsprechung durchbringen und damit ein erstes, großes Ziel erreichen: sie machen eine Menge Bürger vor Entsetzen schaudern. Zu den Gesetzen kommt noch die Entscheidung des Innenministers Scajola hinzu, einigen der Richter, die wegen ihres Kampfes gegen das organisierte Verbrechen besonders gefährdet sind, die Leibwache zu streichen. Von Mailand bis Palermo und Reggio Calabria.

So entsteht die Gleichung, die zur Mobilisierung der Massen führt: übereilte Justizgesetze plus leichtfertige und ungerechtfertigte Entscheidungen gleich Entrüstung und Bestürzung. Und so fangen die Telefone der Zivilgesellschaft, die schon eine ganze Weile stumm waren, von Norden bis Süden, von Osten bis Westen wieder zu klingeln an. Auch Mailand setzt sich in Bewegung. Es wacht aus einem Zustand nahezu völliger Erstarrung auf und beschließt eilends, wieder auf die Straße zu gehen. Einmal, zweimal, dreimal, so oft es nötig ist.

Am 26. Oktober nehmen etwa dreihundert Mailänder an einem ersten Aufmarsch vor dem Justizpalast teil, anfangs zusammengetrommelt durch E-Mails, die Hilfe von Radio Popolare und Radio Lombardia und ein paar kurzen Pressenotizen.

Einige brummeln, sie sind unzufrieden mit dem Zulauf, denn sie sind überzeugt, daß man jetzt wieder Massen auf die Straße bringen könnte wie vor zehn Jahren auf dem Höhepunkt der Korruptionsaffären von Tangentopoli. Andere sind optimistischer, zuversichtlicher, sie sehen in der Teilnehmerzahl schon einen großen Erfolg. Wie kann man annehmen, nach Jahren kollektiver Apathie ließen sich kurzerhand viele hundert empörte Bürger mobilisieren? Zu den Kundgebungen gesellt sich eine Unterschriftensammlung, die einem Appell an den Staatspräsidenten Carlo Azeglio Ciampi angefügt wird. In nur einem Monat kommen per Fax und E-Mail über tausend Unterschriften an (fünftausend in drei Monaten). Es gibt Diskussionsabende, veranstaltet von mehreren Vereinigungen, der erste über die Entscheidungen der Regierung in Sachen Justizreform, der zweite über zwanzig Jahre großer Strafprozesse mit ungewissem Ausgang (der Maxiprozeß gegen die Mafia, Ustica, Piazza Fontana, Piazza della Loggia, Petrolchimico). Ergebnis: die Säle sind brechend voll. Und die, die draußen bleiben müssen, gehen nicht wieder nach Hause, sie bleiben, um miteinander zu diskutieren, um ihren Unmut zu teilen, vor allem aber, um Vorschläge für zukünftige Aktionen zu machen.

So entsteht das Bürgerkomitee für Gerechtigkeit Le Girandole (Die Windmühlen). Was die Bürger empört, sind nicht nur die Gesetze, die in Rom gemacht, die Entscheidungen, die in Rom gefällt werden. Anlaß genug bieten auch die Berichte von Bürgern, die zeigen, daß die lokalen Behörden unter dieser neuen Regierung alles, was nicht im Umkreis ihrer politischen Position entstanden ist, endlich mit Nichtachtung strafen können.

Ein Beispiel. Im Dezember werden die Ergebnisse einer Studie veröffentlicht, die das Omicron durchgeführt hat, die Mailänder Beobachtungsstelle für das organisierte Verbrechen im Norden. Die von der Europäischen Kommission im Rahmen des Falcone-Programms in Auftrag gegebene und finanzierte Studie untersucht die Kriminalität im Einwanderermilieu von drei Mittelmeerländern: Italien, Frankreich und Spanien. Eine detaillierte Analyse gilt drei Großstädten, nämlich Mailand, Paris und Barcelona. Drei Forschungsgruppen führen die auf ein Jahr angelegte Arbeit durch, eine für jedes Land. Das Ergebnis ist ein Untersuchungsbericht voller Daten, Analysen und Erklärungsversuchen des Phänomens der Zuwanderung und der Kriminalität von Ausländern.

Die Tagung, auf der die Ergebnisse vorgestellt werden sollen, findet unter der Schirmherrschaft der Kommune Mailand statt, die den prächtigsten Saal der Stadt zur Verfügung stellt. Doch abgesehen von dieser Gefälligkeit ist der Bürgermeister Gabriele Albertini nicht bereit, die Tagung mit einem Grußwort zu eröffnen, wie es üblich ist. Der Dezernent für öffentliche Sicherheit nimmt nicht teil. Als die Vorträge schon begonnen haben, schickt er eine kurze Nachricht mit der Mitteilung, es sei ihm unmöglich zu erscheinen. Geschickt wird, um vor Fachleuten von internationalem Rang die Stadtverwaltung zu repräsentieren, der Dezernent für Tourismus. Viele andere Vertreter lokaler Institutionen sind der Einladung nicht gefolgt und haben die unterschiedlichsten Gründe dafür vorgebracht. Dabei werden hier doch, vor allem was Mailand betrifft, bisher unbekannte Daten und entsprechende Statistiken vorgestellt, an denen die Staatsanwaltschaft und die Leitung der städtischen Strafanstalt mitgearbeitet haben, und diese Ergebnisse werden mit Daten aus ganz Italien und der anderen Länder, die Gegenstand der Studie waren, verknüpft.

Doch vielleicht verdient die Arbeit keine Beachtung, weil sie von einem berühmten Soziologen geleitet wird, der außerdem im Senat in der Opposition sitzt. Oder weil es ausgerechnet das Omicron war, das zwei Monate zuvor die erste Kundgebung vor dem Justizpalast organisiert hat. Vielleicht hängt ja auch alles an der personellen Zusammensetzung des wissenschaftlichen Beirates, zu dem »unbequeme« Richter wie Gian Carlo Caselli, Armando Spataro, Maurizio Laudi und Maurizio Romanelli oder Juristen wie Vittorio Grevi gehören.

Dies ist das Klima, in dem unaufhaltsam der Wunsch wächst, sich Gehör zu verschaffen, immer größere Räume zu finden, wo sich diejenigen versammeln können, die es nicht ertragen, zum Schweigen gebracht zu werden, nur weil sie eine andere politische Meinung haben.

Dann kommt der Vorschlag von Paolo Flores d'Arcais: eine große Kundgebung über die Justiz zu veranstalten, und zwar in Mailand, einem symbolischen Ort, weil hier die Wiege der Antikorruptionsbewegung Mani Pulite stand. Schon bald schließt sich auch die Gruppe der Girandole an. Es sind 40.000 Teilnehmer, die schließlich bei der Kundgebung im Palavobis dabei sind; Menschen, die an öffentlichen Veranstaltungen ganz unterschiedlicher Ausrichtung teilnehmen, um sich ihre eigene Meinung zu bilden. Sie begnügen sich nicht damit, Zeitungen zu lesen oder die von den Fernsehnachrichten verbreiteten Erklärungen anzuhören. Und es ist gerade dieser starke, unbeirrte Wunsch, so viel wie möglich zu erfahren und zu verstehen, der zu dem guten, ja großartigen Erfolg des »Tages der Legalität« beigetragen hat. Viele Vertreter des kulturellen Lebens versammeln sich unter einem Dach, um miteinander zu diskutieren, dazu noch über ein so aktuelles Thema wie die Gefährdung der Grundprinzipien der Justiz.

Es sind Menschen, die ein erstaunliches Laster haben: sie

bewahren Erinnerungen. Dabei sind sie keine Fanatiker, Reaktionäre oder schlimmer, Terroristen und Bombenleger. Es sind schlicht und einfach Bürger, die Erinnerungen haben, die ihre eigene Geschichte und die ihres Landes im Gedächtnis behalten.

Die Bewegungen haben sich das Verdienst erworben, das in jedem Bürger schlummernde zivile Gewissen zum Leben erweckt zu haben und weiterhin wach zu halten. Sie haben jeder einzelnen Stimme Gehör geschenkt, sie wichtig genommen. Sie haben das Gefühl der Vereinzelung besiegt, das die Bürger befallen hatte, denen das Schicksal ihres Landes Sorgen oder gar Angst macht. Und sie werden diesen Weg weiterverfolgen. Es gibt kein besonderes Ziel außer dem, wachsam zu sein, immer bereit zu sein, aktiv zu werden, wenn es nötig ist. Wenn die jetzige Entwicklung andauert, wird es an Gründen, an Anlässen leider nicht mangeln.

»Ich habe mich entschlossen, das Spielfeld zu betreten und mich der öffentlichen Sache anzunehmen, weil ich nicht in einem illiberalen Land leben will, das von unreifen Kräften regiert wird und von Männern, die fest verknüpft sind mit einer politisch und ökonomisch bankrotten Vergangenheit.«

Berlusconi, 26. Januar 1994

Andrea Camilleri

Der Unverbesserliche

Im Traum erschien Gott dem Cavaliere. Dieser erkannte ihn auf der Stelle, denn der Herr war ganz so, wie man ihn darstellte, mit einem weiten wallenden Gewand und einem langen weißen Bart.

»Ich komme dich besuchen«, sagte Gott, »damit du endlich begreifst, daß dein maßloser Ehrgeiz und dein unstillbarer Hunger nach Macht absolut lächerlich sind. Auch wenn du das gesamte Universum gewönnest, bliebest du doch nur ein Nichts. Das Universum, mein Sohn, ist endlich.«

»Was heißt das?«, fragte der Cavaliere.

»Das will ich dir gerne erklären«, antwortete Gott.

»Stell dir vor, ich besäße eine Sammlung abertausender Champagner-Flaschen. Eine von ihnen habe ich aufgemacht, und das, was ihr den Urknall nennt, war nichts anderes als das Geräusch des knallenden Korkens. Ich habe mir ein Glas gefüllt und trinke es gerade. Die Sterne, die eure Astronomen entstehen und vergehen sehen, sind einfach nur die Bläschen, die sich bilden und dann zerplatzen. Und du bist in diesem Glas, und dieses Glas ist dein Universum. Doch kaum habe ich meinen Schampus getrunken, verschwindet euer Universum. Hast du verstanden?«

»Voll und ganz«, antwortete der Cavaliere. »Und wieviel würde mich Eure Sammlung kosten?«

»Auf der Weltbühne der Öffentlichkeit gibt es niemanden, der einen Vergleich mit mir wagen könnte.«

Berlusconi, 7. März 2001

Stefano Benni

Anno 2194: Keine Spur mehr von Hochwohlgeboren

Stefano Benni (geboren 1947) ist mit Millionenauflagen einer der bekanntesten und erfolgreichsten Autoren Italiens und gleichzeitig der Beweis dafür, daß in diesem Land eine linke Haltung auch mit Ironie und spielerisch vorgetragen werden kann. Sein Roman »Terra!« wurde zum Kultbuch, zuletzt erschien von ihm »Geister«.

Ort des Geschehens: Die Universitätsbibliothek einer italienischen Stadt in der Zukunft, Anno 2194. Ein Student tritt an den Infoschalter, hinter dem ein Klon mit den Gesichtszügen von Leonardo da Vinci die Sportzeitung liest.

»Operator Leonardus 34 zu Ihren Diensten, Bürger Student, wie kann ich Ihnen helfen?«

»Ich hätte gern Zugang zum Archiv Vaterländische Geschichte, ab Jahrgang 2000.«

Der Operator läßt etwas wie einen zischenden Furz hören, das typische Lachen der Klons.

»Seit Jahren hat sich niemand mehr um diese ferne, ominöse Epoche gekümmert. Sind Sie sicher, daß Sie das wollen?«

»Ja. Mir geht es um den Zeitraum von Zweitausend bis Zweitausendundzwanzig, für meine Examensarbeit.«

»Na, ich gratuliere«, seufzt Leonardus 34. »Dritter Raum links, Terminal 1452.«

Der Student findet den gesuchten Raum. Beim Öffnen der Tür schiebt er ein dichtes Geflecht aus Spinnweben beiseite. Drinnen herrscht Zwielicht: In der Mitte thront ein Vesuv aus Pailletten und Glimmer, daneben ein Kolosseum aus Muschelschalen und der schiefe Turm von Pisa, zwischen rosa und hellblau changierend wie manche Barometer-Figürchen. Der Student erkennt den charakteristischen neosanremo-zeffirellitischen Stil jener Epoche. An den Wänden hängen Porträts und Fotos berühmter Italiener: Caravaggio und Baggio, Raffael und Raffaella, Totò und Totò Riina, außerdem ein Farbfoto von Giotto und Cimabue, das den Studenten nicht recht überzeugt.

Verblüfft stellt er fest, daß die Politiker fehlen. Er setzt sich vor Terminal 1452, einen ovalen, von Jugendstil-Ornamenten eingefaßten Bildschirm.

»Willkommen, Bürger Student. Was wünschen Sie? Möchten Sie mit willigen Studentinnen chatten? Ein Pornovideo sehen? Wir haben pikante Neuerwerbungen zu bieten: Eine Benefiz-Orgie oder eine SM-Session unter Krustentieren.«

»Nein, ich ... ich möchte das Archiv Vaterländische Geschichte für die ersten zwanzig Jahre des einundzwanzigsten Jahrhunderts einsehen.«

»Entschuldigen Sie, aber kein Mensch möchte an diese traurige Zeit erinnert werden; ich dachte, das Thema wäre nur Tarnung für was Spezielleres. Na gut, worum geht's? Gossip, Fußball, Mode?«

»Nein, Politik«, flüstert der Student. »Ich schreibe eine Examensarbeit zum Thema ›Der Interessenskonflikt im Silvischen Mittelalter‹. Ich möchte alles über Silvio Berlusconi recherchieren.«

»Berlusconi, schaun wir mal ... hmm, Ber..., Berl..., Berm... Nein, dieser Name hat keinen Eintrag.«

»Das kann nicht sein. Der Mann war damals der absolute Herrscher über Italien.«

»Vielleicht ist das ja nur eine Lücke in meinem Speicher. Wir haben heute so Spannungsschwankungen. Versuchen wir's mit einem anderen Namen.«

»Bossi.«

»Den habe ich! Bossi, Umberto: Minister in der Triadischen Epoche, berühmt als Begründer der Legayistischen Kunst, mit großen Postern von unheimlich virilen Typen. Verfasser des ersten padanischen Schimpfwörterbuchs. Zog mit tausend Grünhemden zur Eroberung Straßburgs aus, wurde aber vom Schweizer Heer gestoppt. Nach seiner Rückkehr in die Heimat verderben die ministerialen Weicheier in Rom seine maskuline Markigkeit. Sein Niedergang beginnt; zunächst muß er wegen einer Überdosis Spaghetti mit Speck und Zwiebeln eingeliefert werden, dann wird er an der slowenischen Grenze beim Schmuggel mit Viagra geschnappt. Seine Laufbahn beschließt er als erfolgreicher Chef des Restaurants ›Bei Umbè, dem Padaner‹ in den Hügeln bei Rom.«

»Schau mal einer an. Und Castelli?«

»Castelli, genannt ›Silvios Retter‹, Justizminister im Triade-Zeitalter. Nachdem er arbeitslos geworden war, nutzte er sein Talent zur Vorhersage von Bomben, Überschwemmungen und anderen Katastrophen und eröffnete als ›Zauberer Chateau‹ zwölf Niederlassungen in verschiedenen Städten Italiens. Allerdings rächten sich die Richter an ihm: Nicht nur, daß sie ihn wegen Hochstapelei festnehmen ließen, sie steckten ihn auch noch in eine Zelle mit Vanna Marchi, die ihn mehrfach vergewaltigte. Davon hat er sich nie wieder erholt.«

»Lunardi?«

»Lunardi, genannt ›Der Bohrer‹, Ingenieur, bekannt als Baumeister und Abschreibungskünstler. Von ihm stammte der Entwurf der Brücke nach Messina. Als die Brücke einstürzte, weil die Pfeiler sich auflösten, äußerte er zu seiner Verteidigung: ›Warum sagt mir auch keiner, daß dazwischen überall Wasser ist!‹«

»Previti.«

»Nachdem er seinen Prozeß an sechzehn verschiedene Orte verlegt und seine Richter immer wieder wegen angeblicher Befangenheit abgelehnt hatte, kam es schließlich in der australischen Wüste zur Verhandlung und, unglaublich, aber wahr, er wurde tatsächlich verurteilt, von Di Pietro, der sich als Aborigine verkleidet hatte.«

»Moratti Letizia.«

»Nachdem sie das italienische Schulwesen privatisiert hatte, verkaufte sie es im Jahre 2016 an die Amerikaner. Die Schüler hatten es jedoch bald satt, jeden Morgen erst nach Chicago zu fliegen; der Jetlag machte sie fertig, sie wurden rebellisch und setzten die Ministerin ab. Beleidigt kehrte sie Italien den Rücken und eröffnete einen Friseursalon für Aliens auf dem Pluto.«

»Fini.«

»Giancarlo Fini, Erfinder des ›Fini-Handbuchs‹, das bald nach 2000 den ›Cencelli‹* ersetzte. Mehr ist von ihm nicht überliefert.«

»Ciampi.«

»Carlo Azeglio Ciampi hatte als Statspräsident nach 2000 für die Wahrung der Verfassung zu sorgen, doch da die Verfassung nicht mehr viel galt, gab er sich heiterem Müßiggang hin. An ihn erinnert man sich, weil er der Ursprung einiger schöner Wortschöpfungen ist. ›Ciampieren‹ – So tun, als ob nichts wäre. ›Der Interessenkonflikt ist mir völlig ciampe‹. ›Du bist mir ein schöner Ciampo, tu nicht so ciampo‹ – Tu nicht so, als wäre nichts, du siehst doch genau, was los ist.«

»D'Alema.«

»Nach einer politischen Karriere voller Wechselbäder findet er seine Erfüllung im Segelsport. Bronzemedaille im Segeln, Soling-Klasse, bei der Olympiade 2012 von Porto Alegre.«

»Rutelli.«

»Ganz im Gegensatz zur Tendenz seiner Zeit wechselt er von der Politik ins Showgeschäft. Er läßt sich fünfmal klonen und gründet die ›Old-Boy-Band Centerfold‹, die weltweit von allen weiblichen gemäßigten Fans bejubelt wird.«

»Berlusconi.«

»Mal sehen ... Ich habe Berio, Bertoli, Berardi, Beruschi, Bertinotti, Bertolino, Bernacca, aber Berlusconi finde ich immer noch nicht.«

»Das kann nicht sein, kontrollieren Sie noch einmal.«

* ›Cencelli‹: Politisches Handbuch zur Regelung des Verhältniswahlrechts.

»Ich sehe mal in den Verweisen nach. Aha: Berlusconi – s. Ceaucescu. Da ist er: Nicolae Ceaucescu. Rumänischer Despot, der persönlichen und nationalen Reichtum in Einklang bringt. Kontrolliert das Fernsehen, steht einem Clan treuer Anhänger vor und verabschiedet Gesetze zum eigenen Vorteil. Pflegt die internationale Presse anzugreifen und seinen inländischen Kritikern zu bedeuten: Wer nicht für mich ist, liebt sein Land nicht. Diese beeindruckende Konzentration von finanzieller und politischer Macht in einer einzigen Person ist weitestgehend beispiellos. Zu den wenigen, die ihn nachahmten, gehören Idi Amin, der ugandische Dikatator, und Silvio Berlusconi, italienischer Industrieller, der in kurzer Zeit ein beträchtliches Vermögen anhäufte und damit eine politische Blitzkarriere bewerkstelligte. Mit 51 Prozent der Stimmen regierte er, als wären es 99, doch als sein Regime zusammenbrach und er mit dem Motorboot auf die Cayman-Inseln floh, fand sich auf einmal niemand mehr, der zugab, daß er für ihn gestimmt oder ihn gar gekannt hätte. Deshalb gibt es auch so gut wie keine Daten mehr über ihn. Gerüchten zufolge existierte eine Biographie in zig-millionenfacher Auflage, von der kein Exemplar erhalten ist. Die Italiener lasen sie nicht, sondern verwendeten sie für Hygiene-, Einpack- und Heizzwecke.«

»Das ist also alles. Das Leben eines Nachahmers.«

»Das ist alles. *Sic transit gloria mundi.*«

»Wie bitte?«

»Das ist Latein. Eine archaische Sprache, die man abschaffte, als 2012 durch das Tremonti-Schwarzenegger-Dekret das Englische zu unserer Landessprache erhoben wurde …«

»Darf ich noch eine letzte Frage stellen?«

»Nur zu.«

»Stimmt es, daß der neue Präsident der Republik, Agnoberlo III., in Wirklichkeit eine Klonkombination von verschiedenen Machthabern jener Zeit ist?«

»Bitte haben Sie Verständnis, daß ich darauf nicht antworten kann. Ich bin auch nur ein alter Computer der Baureihe Fiatinvest 343.«

»Ich verstehe«, seufzt der Student. »Nur noch eins: Was raten Sie mir für meine Examensarbeit?«

»Behandeln Sie ruhig diese Jahre, aber wählen Sie ein politisches Thema, das nicht so heikel ist.«

»Zum Beispiel?«

»Den Meistertitel von Campobasso im Jahre 2009 nach dem Großen Bankrott der Großen Mannschaften.«

»Danke, ich werde Ihren Rat beherzigen.«

Der Student geht hinaus. Am Himmel über der Stadt herrscht dichtes Verkehrsgedränge. Seit 2040 ist das Betätigen der Hupe verboten, und seither befindet sich in jedem Auto eine Harfe, die sämtliche Fahrer wild bearbeiten. Der Lärm ist himmlisch. Der Student setzt Helm und Gasmaske auf, startet den Motor und zischt im Zickzack durch die Luft davon.

Anmerkungen

Friederike Hausmann: Italien: Der ganz normale Sonderfall

1 Sabino Cassese, »Italia, paese di contraddizioni«, in: S. Cassese (Hg.), *Ritratto dell'Italia* (Rom, Bari 2001), S. V.
2 Massimo D'Alema, *Un paese normale. La sinistra e il futuro dell' Italia* (Mailand 1995).
3 Perry Anderson, »Land without Prejudice«, *London Review of Books*, 21. März 2002.
4 Giuseppe Turani, in: *La Repubblica, Affari e finanza*, 19. Juni 2000.
5 »Fit to run Italy?«, *The Economist*, 26. April 2001.
6 Die entsprechenden Paragraphen sind § 42, 43.
7 Vgl. G. Sartori über das Problem des Interessenkonflikts, S. 49 ff.
8 Paolo Flores d'Arcais, »Undici riflessioni sui movimenti«, *MicroMega* 2/2002, S. 27.
9 Gian Enrico Rusconi, »Kein neuer Duce«, *Der Tagesspiegel*, 16. Februar 2001.
10 Zitiert nach: Barbara Spinelli, *Il sonno della memoria. L'Europa dei totalitarismi* (Mailand 2001), S. 204.
11 Ebd.
12 Zitiert nach: Henning Klüver, »Die Revolution geht baden«, *Deutschlandradio*, 13. Februar 2001.
13 Anderson, a.a.O.
14 Zitiert nach: a.a.O.
15 Umberto Eco, »Die Ideologie des Spektakels und die Praxis der Zensur«, *Süddeutsche Zeitung*, 12. Mai 2001.
16 Zitiert nach: Peter Kammerer, »Belusconis Tag der Befreiung«, *Le monde diplomatique*, 13. Juli 2001.
17 Ebd.
18 Itanes, *Perché ha vinto il centro-destra?* (Bologna 2001), S. 21.
19 P. Pasquino, »Le elezioni del 13 maggio«, in: Francesco Tuccari, *Il governo Berlusconi. Le parole, i fatti, i rischi* (Rom, Bari 2002), S. 9 ff.
20 d'Arcais, a.a.O.

Giovanni Sartori: Interessenkonflikt

1 Diese ganz offensichtlich haarspalterische Auslegung von seiten des Ausschusses für die Wahlen zur Abgeordnetenkammer mißachtete das Gesetz über die Nichtvereinbarkeit und Nichtwählbarkeit von 1957, genauer das Dekret Nr. 361 vom 30. Mai 1957 des Staatspräsidenten; ein Dekret, das seinerseits auf die Rechtsord-

nung vom 5. Februar 1948, Nr. 26. Art. 8, zurückgeht. Auch unser Bürgerliches Gesetzbuch ahndet den Interessenkonflikt (hauptsächlich im Art. 2373). Doch eine zivilrechtliche Vorschrift läßt sich kaum oder schlecht auf den Bereich des öffentlichen Rechts übertragen.

2 Stefano Passigli, *Democrazia e conflitto di interessi: il caso italiano* (Mailand 2001), S. 103.

3 Ebd., S. 104.

4 Zu meinen Bedenken gegen den Entwurf Dentamaro vgl. »Un passo avanti, un passo corto«, in: *Corriere della Sera*, 2. März 2001; und: »Il cavaliere ama due donne e le vuole sposare tutte e due«, in: *L'Espresso*, 22. Februar 2001, S. 64–65.

5 Bezeichnenderweise versäumen es alle Berlusconi-Anhänger, die sich auf diese Bestimmung des Artikels 51 berufen, auch den Zusatz zu zitieren, der besagt, daß der Zugang zu den öffentlichen Ämtern vom Gesetz geregelt wird.

6 Ein Projekt, das ich kritisiert habe in: »Cavaliere, provi con Marina«, in: *L'Espresso*, 12. Juli 2001, S. 64–65, wo ich schreibe, daß »wir also notgedrungen schlußfolgern müssen, daß aus der Kombination der Vorschläge Baldassarre-Frattini-Ferrara kein wirkungsvolles Heilmittel hervorgehen wird«. Zur Kritik des Baldassarre-Projekts siehe auch: »Signor Presidente, sul conflitto di interessi non è possibile tacere – Lettera Aperta«, in: *MicroMega* 3/2001, S. 7–12.

7 Dies ist ein Punkt, den ich für sehr wichtig halte, und über den ich in letzter Zeit mehrfach ausführlich geschrieben habe. Vgl.: »Il presidente super partes«, in: *Corriere della Sera*, 2. November 2001; »Sartori sul Cavaliere: non tratta e attacca il poco coraggio di Ciampi« (offener Brief an Giuliano Ferrara) in: *Il Foglio*, 10. November 2001; »Conflitto di interessi: Ciampi deve agire« (Interview), in: *l'Unità*, 18. November 2001, S. 1 und 12; »Il conflitto non risolto«, in: *Corriere della Sera*, 10. Dezember 2001.

Nicola Tranfaglia: Informationsmedien

1 Der Bericht des CENSIS und der katholischen Pressevereinigung, auf den ich mich hier beziehe, ist vorerst nur als interne Veröffentlichung erschienen und nicht in den Buchhandlungen erhältlich.

2 Vittorio Roidi, *La fabbrica delle notizie* (Rom/Bari 2001), S. 5 ff.

3 Der dem letzten Jahrzehnt gewidmete Teil des Aufsatzes von

Peppino Ortoleva, der 2002 in der Neuauflage seines Buches *La stampa italiana nell'età della televisione 1974–1994* erscheinen wird, trägt den vielsagenden Titel *Ipertelevisione? 1993–2001*. Ich zitiere hier aus Ortolevas Manuskript.

4 P. Ortoleva, *Ipertelevisione?*, unveröffentlichtes Manuskript, S. 2.

5 Die Botschaft, die aus Pippo Baudos Sendungen bei der inzwischen auf Regierungskurs gebrachten RAI herauszuhören ist, unterscheidet sich von der anderer Sendungen durch ihre Nüchternheit und Leichtigkeit und durch ein weniger aggressives Verhalten gegenüber den früheren Verhältnissen.

6 Giovanni Sartori, *Homo videns* (Rom, Bari 1999).

Zeittafel 1992–2002

1992

5. April Allgemeine Wahlen: Die seit 1948 niedrigsten Ergebnisse für Democrazia Cristiana (DC) (29,7 %) und Partito Democratico della Sinistra (PDS) (16,1 %). Lega Nord erhält 8,6 %. Aufgrund der Zersplitterung des Parlaments erscheint eine Regierungsbildung kaum möglich.

23. Mai Vor den Toren Palermos werden der Richter Giovanni Falcone, seine Frau und seine Leibwächter von einer Bombe in die Luft gesprengt. Der Richter war vor der Versetzung nach Rom im Anti-Mafia-Team.

25. Mai Im 16. Wahlgang wird Oscar Luigi Scalfaro zum Staatspräsidenten gewählt.

28. Juni Unter dem Sozialisten Giuliano Amato Übergangskabinett mit hauchdünner Mehrheit.

19. Juli Der Richter Paolo Borsellino aus dem Anti-Mafia-Team in Palermo wird mit seinen Leibwächtern Opfer eines Attentats.

17. Sept. Nach einer Abwertung von 7 % scheidet die Lira aus der europäischen Währungsschlange, der Voraussetzung für den Euro, aus.

28. Sept. Mario Chiesa, der erste Angeklagte von Mani Pulite wird zu sechs Jahren Gefängnis verurteilt.

15. Dez. Ermittlungen gegen den Vorsitzenden des regierenden Partito Socialista Italiana (PSI), Bettino Craxi, wegen Bestechlichkeit, Erpressung und Verletzung des Parteienfinanzierungsgesetzes. Antrag auf Aufhebung der Immunität.

1993

25. Feb. Sergio Castellari, ehemals hoher Beamter im Ministerium für Staatsbeteiligungen und in den Korruptionsskandal um das Chemieunternehmen Enimont verwickelt, wird tot aufgefunden.

27. März Ermittlungen gegen den mehrmaligen christdemokratischen Ministerpräsidenten Giulio Andreotti wegen Kontakten zur Mafia.

19. April Erfolg des Referendums zur Einführung des Mehrheitswahlrechts.

28. April Nach dem Rücktritt Amatos wird Carlo Azeglio Ciampi, vormals Gouverneur der Banca d'Italia, der erste parteilose Ministerpräsident Italiens. Er bildet ein Kabinett mit zahlreichen parteilosen Fachleuten.

29./30. April Nachdem das Parlament die Aufhebung der Immunität für Craxi verweigert hat, kommt es in ganz Italien zu Protestdemonstrationen. Die Mailänder Richter rufen das Verfassungsgericht an.

24. Juni Provisorisches Gesetz zur RAI: Der Verwaltungsrat wird von den Präsidenten der beiden Kammern bestimmt.

20. Juli Der ehemalige Präsident des Staatsunternehmens ENI, Gabriele Cagliari, begeht in der Untersuchungshaft Selbstmord. Einige Indizien sprechen für Mord.

21. Juli In einer Vereinbarung zwischen Regierung, Unternehmerverband und Gewerkschaften zur Einkommenspolitik, Inflationsbekämpfung und Senkung der Arbeitskosten wird die jahrelang umkämpfte *scala mobile* (Lohngleitklausel) abgeschafft.

23. Juli Der im Fall Enimont unter Korruptionsverdacht stehende Industrielle Raul Gardini begeht Selbstmord. Einige Indizien sprechen für Mord.

26. Juli Nachdem bereits im Januar die Mitgliedschaften der DC annulliert worden waren, Gründung des Partito Popolare Italiano (PPI), es folgen mehrere Abspaltungen.

3./4. Aug. Die Kammern verabschieden das neue Wahlgesetz (Mattarellum), nach dem 75 % der Sitze durch Mehrheitswahlrecht, 25 % durch Verhältniswahlrecht mit 4 %-Sperrklausel ermittelt werden.

16. Dez. PSI bricht auseinander, Ankündigung der Gründung einer neuen Partei.

1994

26. Jan. Silvio Berlusconi tritt als Präsident seiner Holding Fininvest zurück und gibt die Gründung von Forza Italia (FI) bekannt. Anfang Februar Bündnis mit Alleanza Nazionale (AN), Lega Nord und Centro Cristiano Democratico (CCD [Ex-DC]) zum Polo delle Libertà, im Süden ohne Lega als Polo del buongoverno (Pol der guten Regierung).

1. Feb. Bündnis der Progressisti (Fortschrittliche) aus PDS und

weiteren acht Parteien von Rifondazione Comunista (RC) bis Movimento Cristiano Sociale (Ex-DC).

28. März Wahlen: Der Polo gewinnt absolute Mehrheit in der Abgeordnetenkammer, relative Mehrheit im Senat. FI mit 21 % stärkste Partei im Parlament vor PDS mit 20,3 %.

10. Mai Regierung Berlusconi, fünf Minister aus AN, darunter drei, die schon in der alten faschistischen Partei Movimento Sociale Italiano (MSI) waren. Internationale Proteste.

19. Juli Das Dekret des Justizministers Biondi, das die Anwendung der Untersuchungshaft in Korruptionsfällen unterbinden soll, muß nach heftigen Protesten der Justiz und der Öffentlichkeit zurückgenommen werden.

9. Okt. Lega stimmt mit der Opposition gegen das Gesetz zur Lösung des Interessenkonflikts nach amerikanischem Vorbild (*blind trust*).

14. Okt. Generalstreik gegen die Rentenpläne der Regierung.

21. Nov. Berlusconi erhält beim Weltgipfel über organisiertes Verbrechen in Neapel die offizielle Benachrichtigung (*avviso di garanzia*), daß gegen ihn wegen Bilanzfälschung ermittelt wird.

22. Dez. Nachdem die Lega auch bei dem Gesetz zur Neuordnung der Medien gegen die Regierung gestimmt hat, tritt Berlusconi zurück und fordert sofortige Neuwahlen.

1995

25. Jan. Regierung des parteilosen Lamberto Dini, ehemals Banca d'Italia und Schatzminister unter Berlusconi. Trotz anfänglicher Proteste duldet der Polo die neue Regierung durch Enthaltung.

11. Juni Bei einem Referendum wird die Beschränkung für den Besitz von Fernsehsendern abgelehnt, die Privatisierung der RAI möglich. Berlusconi spricht von »Gottesurteil«.

7. Dez. Der ehemalige Präsident der Staatsholding IRI, Romano Prodi, wirbt mit der Präsentation von 88 Thesen für die Bildung des Olivenbaum-Bündnisses (Ulivo) der linken Mitte.

1996

11. Jan. Rücktritt Dinis, der eine eigene Partei gründet.

16. April Craxi, der in Tunis lebt, wird zu acht Jahren Gefängnis ver-

urteilt. Aussagen von Stefania Ariosto, einer ehemaligen Geliebten von Berlusconis Rechtsanwalt Previti, führen zu Ermittlungen gegen Previti und Berlusconi wegen der Bestechung von Richtern in mehreren Fällen.

21. April Knapper Wahlsieg des Ulivo. In der Abgeordnetenkammer ist Ulivo auf Unterstützung von RC angewiesen. In der neuen Regierung Prodi sitzen erstmals Vertreter des aus der kommunistischen Partei hervorgegangenen PDS.

14. Nov. Di Pietro legt sein Amt als Staatsanwalt nach mehreren Prozessen gegen ihn nieder.

1997

24. Jan. Einrichtung der Kommission für die Verfassungsreform (Bicamerale), Vorsitzender Massimo D'Alema (PDS).

9. April Abstimmung zugunsten der Teilnahme Italiens am Nato-Einsatz in Albanien dank der Stimmen der Opposition. RC dagegen.

1998

13. Feb. Aus PDS wird Democratici di Sinistra (DS). Hammer und Sichel verschwinden aus dem Parteisymbol.

3. Mai Da Italien die Maastricht-Kriterien erfüllt, wird es an der Einführung des Euro teilnehmen.

9. Juni FI läßt Bicamerale an der Frage der Justiz scheitern.

9. Okt. Prodi stürzt mit 312 zu 313 Stimmen über die Vertrauensfrage bei Haushaltsberatungen. Nach der Ablehnung spaltet sich RC.

21. Okt. Massimo D'Alema (DS) bildet neue Regierung. An seiner Stelle wird Walter Veltroni Vorsitzender der DS. Prodi gründet Partei der Democratici und wird 1999 Kommissionspräsident der EU.

1999

18. April Referendum über die Abschaffung des Verhältniswahlrechts scheitert wegen zu geringer Beteiligung.

13. Mai Ciampi wird im ersten Wahlgang neuer Staatspräsident.

13. Juni Bei den Europawahlen erhält FI 25,2 %, DS 17,3 %.

13./27. Juni Bei den Kommunalwahlen verliert DS Bologna, eine der linken Hochburgen, an den Polo.

23. Sep. Giulio Andreotti in Perugia von der Anklage, Auftraggeber des Mordes an dem Journalisten Mino Pecorelli zu sein, freigesprochen. Im Mai 2000 Freispruch auch in Palermo im Prozeß wegen Mafiakontakten.

12. Nov. Gesetz zur Direktwahl der Präsidenten der Regionen verabschiedet.

18. Dez. Nach der Veröffentlichung von KGB-Akten (Dossier Mitrokin) über die Finanzierung der ehemaligen kommunistischen Partei durch die Sowjetunion bis Ende der achtziger Jahre: Regierungskrise, Bildung einer zweiten Regierung D'Alema.

2000

24. Jan. In dem seit 1988 andauernden Verfahren gegen Adriano Sofri, Ovidio Bompressi und Giorgio Pietrostefani wegen des Mordes an dem Polizeikommisar Luigi Calabresi 1972 weist das Appellationsgericht in Venedig den Antrag auf Revision zurück.

15. Feb. FI bildet mit Lega, AN und vier anderen Parteien Casa delle Libertà.

16. April Bei den Regionalwahlen erobert Casa acht von 15 Regionen.

25. April Nach dem Rücktritt D'Alemas wegen des Mißerfolgs bei den Regionalwahlen neue Regierung unter dem Sozialisten Giuliano Amato. Di Pietro verläßt mit seiner Partei Italia dei Valori die Regierung.

21. Mai Ein Referendum zu sieben Themen scheitert an Beteiligung von nur 32,8 %. Erfolg für Berlusconi, denn er hatte propagiert: »Zu Hause bleiben, um die Regierung nach Hause zu schicken.«

21. Okt. Der römische Bürgermeister Francesco Rutelli wird Spitzenkandidat des Ulivo, in dem sich neben DS vier Parteien unter dem Namen Margherita (Margerite) und zwei als Girasole (Sonnenblume) zusammenschließen.

2001

8. März Verabschiedung des Gesetzes über die Föderalisierung.

13. Mai Allgemeine und Kommunalwahlen: Die Casa delle Libertà gewinnt nach dem Mehrheitswahlrecht (75 % der Sitze) 45,4 %, der Ulivo 43,8 %. Insgesamt erhält die Casa 368 Sitze

im Abgeordnetenhaus und 177 im Senat, Ulivo 242 und 128. Stärkste Partei ist FI mit 29,4 %, gefolgt von DS mit 16,6 % (Abgeordnetenhaus). In Mailand siegt Mitte-Rechts, in Rom, Turin und Neapel Mitte-Links.

29. März Pierferdinando Casini (CCD) wird Präsident im Abgeordnetenhaus, Marcello Pera (FI) im Senat.

11. Juni Amtseid der Regierung Berlusconi im Quirinal: Stellvertretender Ministerpräsident: Gianfranco Fini (AN); Äußeres: Renato Ruggiero (parteilos); Verteidigung: Antonio Martino (FI); Inneres: Claudio Scajola (FI); Justiz: Roberto Castelli (Lega). Umberto Bossi wird Minister für Institutionelle Reformen.

22. Juni Das Kabinett verabschiedet das »Programm für die ersten 100 Tage«: Wiederauflage der Legge Tremonti, Flexibilisierung des Arbeitsmarkts, Föderalisierung, Stop der Schulreform der Mitte-Links-Regierung.

24. Juni Sieg Mitte-Rechts bei den Regionalwahlen in Sizilien.

25. Juni Verjährung des Prozesses gegen Berlusconi um den Kauf des Verlags Mondadori.

26. Juni Carlo Taormina, ehemaliger Anwalt Berlusconis, ist gleichzeitig Staatssekretär des Inneren und Verteidiger eines der Exponenten der mafiaähnlichen »Sacra Corona Unità« in Kalabrien. Einen Monat später muß Taormina die Verteidigung abgeben, »weil staatliche Interessen im Spiel sind«.

14./15. Juli Margherita, die bei den Wahlen drittstärkste Gruppierung (14,5 %), beschließt die Gründung einer Partei gleichen Namens. Vorsitzender: Francesco Rutelli.

19. Juli Gesetzentwurf zur Reduzierung des Strafmaßes bei Bilanzfälschung.

20./22. Juli Beim G8-Gipfel in Genua ist die gesamte Innenstadt abgesperrt. Heftige Zusammenstöße zwischen Sicherheitskräften und den Globalisierungsgegnern. Der Demonstrant Carlo Giuliani wird von einem Polizisten erschossen. In der Nacht dringt die Polizei in den Sitz des Genoa Social Forum in einer Schule ein und verprügelt wahllos die schlafenden Menschen. Internationale Proteste. Die deutsche und englische Regierung verlangen eine Klärung der Vorfälle. Ende Juli wird die Einrichtung einer parlamentarischen Untersuchungskommission beschlossen. Anfang August werden einige leitende Sicherheits- und Geheimdienstbeamte entlassen. Sie erhalten später andere Posten.

8. Aug. Justizminister Castelli weigert sich, das Gnadengesuch des schwerkranken Ovidio Bompressi an den Staatspräsidenten weiterzuleiten. Begründung: Im Augenblick sei eine »Kriminalisierung der Polizei nicht opportun«.

11. Sept. Nach dem Attentat von New York schlägt Berlusconi vor, einen außerordentlichen G8-Gipfel zur Bekämpfung des Terrorismus in Italien abzuhalten.

14. Sept. Entwurf der Legge Bossi-Fini zur Einwanderungspolitik: Aufenthaltsgenehmigungen nur noch für Ausländer, die eine Arbeit vorweisen können, und nur für die Dauer des Arbeitsverhältnisses. Illegale Einwanderung soll als Verbrechen bestraft werden. Im Laufe der Diskussion um das Gesetz fordert die Lega die Aufnahme von Fingerabdrücken in den Pässen der Einwanderer.

17. Sept. Innenstaatssekretär Taormina verteidigt den Mafia-Boß Giuseppe Simone.

25. Sept. Dekret über die Rückkehrmöglichkeit für illegal exportiertes Kapital, das mit nur 2,5 % besteuert werden soll.

26. Sept. Auf einer Pressekonferenz in Berlin erklärt Berlusconi, die westliche Kultur sei dem Islam überlegen, und es gebe eine »auffallende Übereinstimmung zwischen den Islamisten und den Globalisierungsgegnern in ihrer Gegnerschaft gegen den Westen«.

30. Sept. Zu dem Prozeß gegen Berlusconi wegen der Bestechung von Richtern veröffentlicht der »Corriere della Sera« Schweizer Dokumente, die die Zahlung von 434.000 Dollar von Berlusconis Auslandskonten an den römischen Richter Renato Squillante belegen.

1. Okt. Berlusconi wird von der Anklage des Betrugs beim Kauf der Filmgesellschaft Medusa freigesprochen.

4. Okt. Abbruch der Verhandlungen zwischen Arbeitsminister Maroni (Lega) und den Gewerkschaften über die Arbeitsmarktpolitik. Streitpunkt ist vor allem die von der Regierung angestrebte Aufweichung des Kündigungsschutzes (§ 18 des Arbeiterstatuts).

5. Okt. Inkrafttreten des rückwirkenden Gesetzes über Rechtshilfeersuchen, in dem bestimmte, kaum zu erfüllende Bedingun-

gen verlangt werden. Ungefähr 2000 Prozesse müssen neu aufgerollt werden.

7. Okt. Referendum über das Gesetz der Mitte-Links-Regierung zur Föderalisierung: Das Gesetz wird mit 64,2 % bestätigt. Nur 34 % Wahlbeteiligung, dennoch ist das Referendum gültig, da es sich um ein verfassungsänderndes Gesetz handelt.

8. Okt. Außer RC verweigern auch Verdi (Die Grünen) und Partito dei Comunisti Italiani (PCdI) die Unterstützung für den amerikanischen Afghanistan-Einsatz, die anderen Parteien des Ulivo unterstützen die Amerikaner.

10. Okt. Verabschiedung des Rahmengesetzes (*legge obiettivo*) über die »großen öffentlichen Arbeiten«, das der Exekutive wichtige Entscheidungsbefugnisse gibt (z.B. gegenüber Regionen und Umweltschutzbestimmungen). Neues Aktiengesellschaftsrecht, in dem das Strafmaß für Bilanzfälschung herabgesetzt wird.

14. Okt. Auf dem Friedensmarsch Perugia-Assisi werden die Vertreter des Ulivo ausgepfiffen.

17. Okt. Die im Haushaltsgesetz vorgesehene Erhöhung der Mindestrenten auf eine Million Lire wird an Bedingungen geknüpft, so daß nur noch etwa 10.000 Personen davon profitieren. Italien beteiligt sich nicht an dem europäischen Airbus-Konsortium zum Bau des Militärtransporters A 400M.

19. Okt. Berlusconi wird im Prozeß um Bestechung von Finanzbeamten freigesprochen. Vertreter seiner Finanzholdung Fininvest werden dagegen verurteilt.

26. Okt. Kommunikationsminister Gasparri (AN) annulliert den Verkauf von 49 Prozent der Übertragungsanlagen der RAI an eine amerikanische Firma, die RAI dringend benötigte Summen gebracht hätte.

10. Nov. USA-Day der Casa delle Libertà.

16./17. Nov. Parteitag der DS in Pesaro: Piero Fassino zum neuen Generalsekretär gewählt. Sein Programm beinhaltet die »klare Entscheidung für ein sozialdemokratisches Reformprogramm, das Modernität und Rechtsstaatlichkeit verbindet«.

25. Nov. Kommunalwahlen in Sizilien: Klarer Sieg der Casa delle Libertà. Einbruch der DS, Cristiani Democratici Uniti (CDU) wird zweitstärkste Partei hinter FI.

4. Dez. Carlo Taormina tritt zurück, nachdem er vergeblich ver-

sucht hat, den Richter im Prozeß SME gegen Berlusconi wegen Richterbestechung während des Prozesses zu versetzen. Justizminister Castelli kündigt »Disziplinarmaßnahmen gegen Richter an, die Politik betreiben«.

6. Dez. Italien verweigert die Zustimmung zur Regelung des europäischen Haftbefehls.

20. Dez. Berlusconi spricht sich für eine Verfassungsänderung zur Direktwahl des Staatspräsidenten aus, der mit exekutiven Vollmachten ausgestattet sein soll.

15. Dez. EU-Gipfel in Laeken: Italien verlangt, daß die europäische Lebensmittelbehörde nach Parma gelegt wird. Giuliano Amato wird stellvertretender Vorsitzender des EU-Verfassungskonvents.

2002

1. Jan. Einführung des Euro als Zahlungsmittel. Im Gegensatz zu allen anderen Teilnehmerländer der Einheitswährung finden in Italien keinerlei Feierlichkeiten statt. Wirtschaftsminister Tremonti nennt den Euro etwas für »fahnenschwingende Affen, Gesundbeter, Medizinmänner, Wunderheiler und Bankiers«.

5. Jan. Rücktritt des Außenministers Renato Ruggiero, weil er »mit diesem Trauerspiel nichts mehr gemein« haben wolle. Berlusconi übernimmt das Außenministerium kommisarisch.

12. Jan. Bei der Eröffnung des Gerichtsjahres erscheinen Richter und Staatsanwälte aus Protest gegen die Eingriffe in die Autonomie der Justiz in schwarzen statt in den traditionellen roten Roben. Der scheidende Generalstaatsanwalt von Mailand Francesco Saverio Borrelli ruft zum »Widerstand wie an der Piave-Linie« auf.

24. Jan. Aufgrund eines Protokollfehlers der Vereinbarungen von Laeken setzt Italien durch, außer dem Vizepräsidenten Giuliano Amato als Vertreter Italiens noch Gianfranco Fini (AN) in den europäischen Verfassungskonvent zu entsenden.

24. Jan. Dem Aufruf einiger Professoren der Universität Florenz zur Protestdemonstration gegen die Regierung folgen 12.000 Menschen.

22. Feb. Nach tagelangen erbitterten Auseinandersetzungen innerhalb der Regierungskoalition bestimmen die Präsidenten

der beiden Kammern den Verwaltungsrat der RAI. Präsident wird der ehemalige Präsident des Verfassungsgerichts Antonio Baldassare (FI). Die Intendanten der Sender werden nach Parteiproporz ausgesucht.

23. Feb. An der Veranstaltung der Zeitschrift »MicroMega« zu zehn Jahren Mani Pulite in Mailand nehmen 40.000 Menschen teil.

28. Feb. Die Legge Frattini zur Lösung des Interessenkonflikts passiert die Abgeordnetenkammer: Nicht der Besitz, sondern nur die tatsächliche Leitung eines Unternehmens soll einen Interessenkonflikt beinhalten. Eine Kommission soll überwachen, daß Gesetze nicht ausschließlich den Interessen des Ministerpräsidenten dienen.

19. März Der Arbeitsrechtler Marco Biagi, der für die Regierung Vorschläge zur Flexibilisierung des Arbeitsmarkts entwickelt, wird vor seinem Haus in Bologna ermordet. Der Staat hatte ihm den Personenschutz entzogen. Die Roten Brigaden bekennen sich zu der Tat.

23. März An der von der Gewerkschaft CGIL organisierten Demonstration in Rom gegen die Aufweichung des § 18 des Arbeiterstatuts nehmen circa drei Millionen Menschen teil. Die friedliche Veranstaltung wird auch zu einem Protest gegen die Versuche der Regierung, den Mord an Biagi mit der Gewerkschaftsbewegung in Verbindung zu bringen.

16. April Seit acht Jahren findet erstmals wieder ein Generalstreik in Italien statt. Alle drei großen Gewerkschaften protestieren damit gegen die geplante Arbeitsmarktpolitik und gegen die unnachgiebige Haltung der Regierung in der Frage des § 18.

27./28. Mai/8./9. Juni Kommunalwahlen. Nach dem zweiten Wahlgang gehen von den 27 Gemeinden an Mitte-Links 14 (+ 4), an Mitte-Rechts 13 (– 4). Mitte-Links gewinnt im Norden, Mitte-Rechts im Süden.

3. Juli Innenminister Claudio Scajola muß zurücktreten, nachdem er sich sehr abfällig über den ermordeten Regierungsberater Marco Biagi geäußert hat. Gleichzeitig werden die Ereignisse in Genua wieder öffentlich diskutiert (es stellt sich heraus, daß die Polizei bei Durchsuchungen Äxte und Molotow-Cocktails selbst mitgebracht hatte). Neuer Innenminister wird Giuseppe Pisanu (FI), der bisher für die Verwirklichung des Regierungsprogramms zuständig war.

Quellen:

Viele der Texte erschienen am 24. März 2002 anläßlich der Pariser Buchmesse mit Schwerpunkt Italien in Beilagen der Tageszeitungen *Le Monde* und *L'Unità* und danach in dem Buch *Non siamo in vendita. Voci contro il regime.* A cura di Stefania Scateni e Beppe Sebaste (Arcana, Rom 2002).

Paolo Flores d'Arcais: »Die liberale Revolution der Mani Pulite« (für diese Ausgabe vom Autor überarbeitet) erschien in der italienischen Zeitschrift *MicroMega*, 1/2002. Übersetzt von Roland H. Wiegenstein.

Silvia Ballestra: »Export willkommen« (gekürzt) erschien in *L'Unità/Le Monde* und in *Non siamo in vendita.* Übersetzt von Suse Vetterlein.

Stefano Benni: »Anno 2194: Keine Spur mehr von Hochwohlgeboren« erschien in *La Repubblica* vom 12. März 2002. Übersetzt von Hinrich Schmidt-Henkel.

Angelo Bolaffi: »Opposition gegen ein italienisches Ideal« (gekürzt, Titel von d. Hrsg.) erschien in *DIE ZEIT* vom 2. Mai 2002. Übersetzt von Carl Wilhelm Macke.

Andrea Camilleri: »Nicht korrekte Märchen für den Cavaliere von Ilatien« erschienen in *MicroMega* 4/2000 (»Das Haar, nicht das Laster«) und 2/2001(»Das Evangelium der zwei Apostel«, »Faust 2001«, »Ein wahres Märchen«, »Der Unverbesserliche«). Übersetzt von Moshe Kahn.

Gianni Celati: »Forza Italia« (Titel von d. Hrsg.) erschien zuerst in *Controjoker. Le ragioni della ragione.* Hrsg. von Ginevra Bompiani und Gianni Dessì (ein Buch, das 1994 innerhalb einer Woche während Berlusconis Wahlkampagne realisiert wurde) und dann in *L'Unità/Le Monde* und *Non siamo in vendita.* Übersetzt von Marianne Schneider.

Mario Dogliani: »Regierungsform« (gekürzt). Aus: *Il governo Berlusconi. Le parole, i fatti, i rischi.* Hrsg. von Francesco Tuccari (Rom, Bari Januar 2002). Übersetzt von Annette Kopetzki.

Umberto Eco: »Wem schlägt die Stunde?« erschien am 4. Mai 2001 im Online-Magazin *Golem/L'indispensabile*, in *La Repubblica* vom 9. Mai 2001 und in der *Süddeutschen Zeitung* vom 12./13. Mai 2001. Übersetzt von Burkhart Kroeber.

Luigi Ferrajoli: »Justiz« (gekürzt). Aus: *Il governo Berlusconi,* a.a.O. Übersetzt von Annette Kopetzki.

Mario Fortunato: »Die italienischen Schriftsteller und die Politik« erschien in *Le Monde.* Übersetzt von Moshe Kahn.

Mario Luzi: »Der Schlaf der Vernunft« erschien in *L'Unità / Le Monde* und in *Non siamo in vendita.* Übersetzt von Suse Vetterlein.

Luigi Malerba: »Die Reichen kommen bei den Armen gut an« (Zitat aus einem Brief des Autors) erschien zuerst in *Controjoker,* a. a. O. und dann in *L'Unità / Le Monde* und in *Non siamo in vendita* (der Text wurde für diese Ausgabe vom Autor erweitert). Übersetzt von Moshe Kahn.

Nanni Moretti: »Ein Wähler verteilt Ohrfeigen« erschien zuerst in *La Repubblica* vom 5. Februar 2002 und dann in *L'Unità / Le Monde* und in *Non siamo in vendita.* Übersetzt von Suse Vetterlein.

Simona Peverelli: »Die Antwort auf die Empörung«(gekürzt, Titel von d. Hrsg.) erschien in *MicroMega* 2/2002. Übersetzt von Annette Kopetzki.

Giovanni Sartori: »Interessenkonflikt« (gekürzt und für diese Ausgabe vom Autor aktualisiert). Aus: *Il governo Berlusconi,* a.a.O. Übersetzt von Annette Kopetzki.

Tiziano Scarpa: »Der ferne Kapitalismus« erschien in *L'Unità / Le Monde* und in *Non siamo in vendita.* Übersetzt von Olaf Matthias Roth.

Adriano Sofri: »Der aufhaltbare Aufstieg des Cavaliere« erschien am 12. Mai 2001 in der *Berliner Zeitung.* Übersetzt von Arno Widmann.

Antonio Tabucchi: »Im Reich des Heliogabal« erschien in *MicroMega* 2/2002 und in der *Süddeutschen Zeitung* vom 27/28. April 2002. Übersetzt von Volker Breidecker.

Nicola Tranfaglia: »Informationsmedien« (gekürzt). Aus: *Il governo Berlusconi,* a.a.O. Übersetzt von Annette Kopetzki.

Wir danken allen Autoren für die freundliche Abdruckgenehmigung.

Lesen sie weiter!
Geschichte und Politik im schönen Taschenbuch bei Wagenbach

Paolo Flores d'Arcais
Die Linke und das Individuum Ein politisches Pamphlet
Eine Provokation: Warum darf sich die Linke nicht an der Zerstörung des Individuums durch die moderne Gesellschaft beteiligen?
Aus dem Italienischen von Roland H. Wiegenstein
WAT 283. Originalausgabe. 112 Seiten

Pier Paolo Pasolini Freibeuterschriften
Die Zerstörung der Kultur des Einzelnen durch die Konsumgesellschaft
Pasolinis berühmte Polemiken gegen die Konsumgesellschaft.
»Dieser Band ist ein Musterbeispiel für die politische Kultur in Italien, deren Debatten heftig, aber nie konformistisch ausgefochten werden.« *Karsten Witte, Hessischer Rundfunk*
Neu herausgegeben von Peter Kammerer
Aus dem Italienischen von Thomas Eisenhardt
WAT 317. 176 Seiten

Alexander Langer Die Mehrheit der Minderheiten
Warum wird unsere Welt vom ethnischen Sauberkeitswahn und vom grundlosen Vertrauen in Mehrheiten beherrscht? Antworten eines politischen Arbeiters zwischen den nationalen Welten.
Herausgegeben von Peter Kammerer
WAT 268. Originalausgabe. 128 Seiten

Edith Bruck Wer dich so liebt Lebensbericht einer Jüdin.
Der bewegende autobiographische Bericht einer jungen Ungarin über ihre Deportation nach Auschwitz, ihren Weg durch mehrere Lager bis zur Befreiung in Bergen-Belsen.
Und schließlich ihre Frage: Wie lebt man danach weiter?
Aus dem Italienischen von Cajetan Freund
WAT 352. 112 Seiten

Norberto Bobbio Vom Alter – De senectute
Ein leises und weises, verständliches und verständiges Buch darüber, wie wir leben und alt werden. Verfaßt von einem großen Alten, dem bedeutendsten politischen Philosophen Italiens.
»Ein Text über das Altern, von brillanter Klarheit. Er bezeugt zugleich den lebenslangen Prozeß des Umdenkens eines Intellektuellen.«
Kurt Flasch, Frankfurter Allgemeine Zeitung
Aus dem Italienischen von Annette Kopetzki
SVLTO. Rotes Leinen. 128 Seiten

Norberto Bobbio
Das Zeitalter der Menschenrechte Ist Toleranz durchsetzbar?
Das Hauptwerk eines kühnen und autonomen Denkers: Über die Grundlagen des menschlichen Zusammenlebens. Ein Basisbuch für alle politisch und juristisch Interessierten, zugleich ein höchst aktuelles Buch, denn »die Menschenrechtsverletzungen von heute sind die Massaker von morgen«. *Kofi Annan, UNO-Generalsekretär*
Aus dem Italienischen von Ulrich Hausmann
Mit einem Nachwort von Otto Kallscheuer
WAT 358. 128 Seiten.

Norberto Bobbio Rechts und Links
Gründe und Bedeutungen einer politischen Unterscheidung
»Für diese italienische Einmischung, mit Lust am Demokratischen, mit Leidenschaft gegen die Denunziation von Demokratie als Gleichmacherei, kann man nur dankbar sein.« *Die Zeit*
Aus dem Italienischen von Moshe Kahn
WAT 311. 96 Seiten

Luigi Pintor Servabo Erinnerung am Ende des Jahrhunderts
Eine der wichtigsten Personen der italienischen politischen Kultur erzählt seine höchst seltsame Lebenskurve: Von Sardinien nach Rom, vom Versuch, erwachsen zu werden bis zum Traum von einer anderen Gesellschaft.
»Servabo ist ein Lehrbuch der Gesittung und der Achtung vor dem anderen, auch dem politischen Gegner.« *Heinrich Senfft, Die Zeit*
Aus dem Italienischen von Petra Kaiser und Michael Becker
WAT 325. 120 Seiten

Luigi Pintor Der Mispelbaum
Ein Mann ist hundert Jahre geworden und hat beschlossen, sich unter einen Mispelbaum zu setzen und »Gedankenspaziergänge« zu machen. Ein weises Buch wie Norberto Bobbios »Vom Alter«.
»Das ist der Kern dieses schönen Buches: die Beziehung zwischen Lebenszeit und geschichtlicher Zeit.« *Gianni Vattimo, La Republicca*
Aus dem Italienischen von Friederike Hausmann
SVLTO. Rotes Leinen. 96 Seiten

Literarische Bücher der Autoren dieses Buches bei Wagenbach

Stefano Benni:

Baol Die magischen Abenteuer einer fieberhaften Samstagnacht
Roman.
Aus dem Italienischen von Jochen Koch. WAT 390. 208 Seiten

Geister Roman.
Aus dem Italienischen von Hinrich Schmidt-Henkel. Quartbuch. Gebunden. 420 Seiten

Die Bar auf dem Meeresgrund
Aus dem Italienischen von Pieke Biermann. WAT 344. 208 Seiten

Komische erschrockene Krieger
Aus dem Italienischen von Pieke Biermann. WAT 366. 224 Seiten

Terra! Roman.
Aus dem Italienischen von Pieke Biermann. WAT 427. 432 Seiten

Andrea Camilleri:

Fliegenspiel Sizilianische Geschichten
Aus dem Italienischen von Moshe Kahn. *SVLTO*. Rotes Leinen. 96 Seiten

Der unschickliche Antrag Roman.
Aus dem Italienischen von Moshe Kahn. Quartbuch. Gebunden. 280 Seiten

Der vertauschte Sohn
Aus dem Italienischen von Moshe Kahn. Quartbuch. Leinen. 304 Seiten

Die Mühlen des Herrn Roman.
Aus dem Italienischen von Moshe Kahn. Quartbuch. Gebunden. 224 Seiten

Gianni Celati:

Cinema Naturale
Aus dem Italienischen von Marianne Schneider. Quartbuch. Leinen. 240 Seiten

Erzähler der Ebenen
Aus dem Italienischen von Marianne Schneider. *SVLTO*. Rotes Leinen. 144 Seiten

Umberto Eco:

Mein verrücktes Italien
Aus dem Italienischen von Burkhart Kroeber. WAT 370. 128 Seiten

Mario Fortunato:

Die Liebe bleibt Roman.
Aus dem Italienischen von Moshe Kahn. Quartbuch. Gebunden. 196 Seiten

Die Entdeckung der Liebe und der Bücher
Aus dem Italienischen von Moshe Kahn. wat 395. Deutsche Erstausgabe. 128 Seiten

Tiziano Scarpa:

Amore®
Aus dem Italienischen von Olaf Roth. Quartbuch. Gebunden. 160 Seiten

Venedig ist ein Fisch
Aus dem Italienischen von Olaf Roth. Deutsche Erstausgabe. WAT 433. 112 Seiten mit Abbildungen

Antonio Tabucchi:

Piazza d'Italia Roman.
Aus dem Italienischen von Karin Fleischanderl. Quartbuch. Leinen. 192 Seiten

Luigi Malerba:

König Ohneschuh Roman.
Aus dem Italienischen von Iris Schnebel-Kaschnitz. Quartbuch. Leinen. 224 Seiten

Elianes Glanz Roman.
Aus dem Italienischen von Moshe Kahn. Quartbuch. Gebunden. 192 Seiten

Das griechische Feuer
Aus dem Italienischen von Iris Schnebel-Kaschnitz. Quartbuch. Schwarzes Leinen. 220 Seiten und WAT 437. 216 Seiten

Luigi Malerba:

Die nachdenklichen Hühner Mit 15 neuen Eiern im Hühnerstall
Aus dem Italienischen von Elke Wehr und Iris Schnebel-Kaschnitz. Mit Zeichnungen von Matthias Koeppel. *SVLTO.* Rotes Leinen. 80 Seiten mit Abbildungen

Die nackten Masken Roman.
Aus dem Italienischen von Iris Schnebel-Kaschnitz. Quartbuch. Blaues Leinen. 304 Seiten

Der Protagonist Roman.
Aus dem Italienischen von Alice Vollenweider. WAT 429. 160 Seiten

Die Schlange Roman.
Aus dem Italienischen von Alice Vollenweider. WAT 373. 168 Seiten

Die fliegenden Steine Roman.
Aus dem Italienischen von Moshe Kahn. Quartbuch. Schwarzes Leinen. 240 Seiten

Taschenabenteuer Dreiundfünfzig Geschichten
Aus dem Italienischen von Iris Schnebel-Kaschnitz. Mit Zeichnungen von Matthias Koeppel. WAT 299. 112 Seiten

Der Traum als Kunstwerk
Aus dem Italienischen von Moshe Kahn. *SVLTO.* Rotes Leinen. 112 Seiten

Luigi Malerba / Tonino Guerra:

Von dreien, die auszogen, sich den Bauch zu füllen
Roman aus dem Jahre 1000
Aus dem Italienischen von Moshe Kahn.
SVLTO. Rotes Leinen. 192 Seiten